「一國兩制」的變與不變

U0116438

王
禹 —

著

目錄

第一章

「一國兩制」：亞洲立憲主義的一個新發展

一、憲法、立憲主義與亞洲立憲主義

　　亞洲立憲主義作為一個專門概念，還是最近幾十年的事情。1976 年在美國召開的亞洲立憲主義問題國際學術研討會初步提出了此命題，1989 年在日本召開的第一屆亞洲憲法討論會上比較系統地論證了這個概念。亞洲立憲主義是指按照亞洲的政治哲學，以亞洲人的憲法觀解決亞洲社會裏存在的憲法問題的原理與規則。[1] 這反映出亞洲社會在追求憲政的道路上摒棄西方中心主義的憲法價值觀念，尋找適合自己道路的國家治理模式的一種自我覺醒。

　　憲法的概念是我們研究立憲主義的起點和基礎。然而，近代以來的「憲法」概念正是從西方傳來的，是西方文化的產物。我們現在的整個憲法學體系正是深深扎根於西方中心主義的憲法概念基礎上。「憲法」（constitution）一詞，就本源於拉丁文 constitutio，是「規定、結構、組織的意思」。[2] 古希臘的亞里士多德（Aristotle, B.C.384-B.C.322）最早闡述了憲法問題，「政體（憲法）為城邦一切政治組織的依據，其中尤其著重於政治

1　韓大元：《亞洲立憲主義研究》，中國人民公安大學出版社，1996 年，第 24-25 頁。

2　蕭蔚雲、魏定仁、寶音胡日雅克琪編著：《憲法學概論》，北京大學出版社，1985 年，第 4 頁。有關憲法概念的緣起，還可參考林子儀等編著：《憲法 —— 權力分立》，新學林出版有限公司，2005 年，第 1-2 頁。

「一國兩制」的變與不變

所由以決定的最高治權的組織」,「法律實際上、也應該是根據
政體（憲法）來制訂的,當然不能叫政體來適應法律」。[3]「公民」
（citizen）這一概念來源於古希臘,是指居住在城邦裏享有政
治權利的市民。「政治」（politic,法語 politique、德語 Politik）
一詞,在古希臘,其最初含義是「圍城」或「衛城」。「政治」
是指「圍城」或「衛城」內公民參與統治、管理、鬥爭的總和,
「政治」就是一種公共生活。[4]

　　古希臘文化是西方文化的源頭。恩格斯（Engels, 1820-
1895）說:「在希臘哲學的多種多樣的形式中,差不多可以找
到以後各種觀點的胚胎、萌芽。」[5]正是在這些概念的基礎上,
經過漫長的中世紀,文藝復興和宗教改革以後的歐洲啟蒙思想
家重新思考社會秩序的理論基礎。他們提出了自然社會、自然
法和社會契約論的思想。這些思想為近代憲法的產生奠定了理
論基礎。英國的霍布斯（Hobbes, 1588-1679）和洛克（Locke,
1632-1704）、法國的孟德斯鳩（Montesquieu, 1689-1755）和
盧梭（Rousseau, 1712-1778）等思想家,進一步提出了「天賦

3　亞里士多德:《政治學》,吳壽彭譯,商務印書館,1965 年,第 129 頁及第 178
　　頁。有關古希臘「憲法」一詞的含義,還可參見〔德〕卡爾·施米特:《憲法學
　　說》,劉鋒譯,世紀出版集團、上海人民出版社,2005 年,第 5-6 頁。

4　薩拜因說,「對全希臘人來說,城邦就是一種共同生活」,見〔美〕喬治·霍蘭·
　　薩拜因:《政治學說史》（上）,商務印書館,1986 年,第 33 頁。

5　《馬克思恩格斯選集》,人民出版社,1972 年,第 3 卷,第 346 頁。

人權」,「有限政府」、「主權在民」、「三權分立」和「法治」,
奠定了歐洲近代憲法的基本原則。

英國的 1215 年《大憲章》開啟了近代憲法的發展趨勢。
然而,歐美各國在十八世紀末和十九世紀初制定的憲法,正是
近代資產階級革命的結果,有著深刻的社會經濟與政治背景。
英國的 1689 年《權利法案》、美國的 1776 年《獨立宣言》、
《1787 年憲法》及其後來的《人權法案》,法國的 1789 年《人
權宣言》及其後來的一系列憲法,都明確規定和確認了私有財
產的不可侵犯性,以及建立在人身自由基礎上的貿易、契約和
經濟的自由競爭原則。

西方立憲主義的發展是與西方國家的國力上升及在美洲、
亞洲等地的殖民擴張同時進行的。英國早在 1689 年《權利法
案》制定的前一百年,即 1588 年已經擊敗荷蘭的無敵艦隊,
確立起海上霸權及世界頭號海軍大國的地位。英國在 1701 年
頒佈《王位繼承法》時,已經在北美大陸建立起十二個殖民地。
美國在《1787 年憲法》制定後的二十年內,以談判與金錢購
買等方式,從法國和西班牙分別購得路易斯安娜和佛羅里達,
領土擴張到在 1776 年十三個殖民地宣佈獨立時的六倍多,
1783 年英國承認美國獨立時的兩倍多。法國在 1789 年爆發大
革命,到 1791 年制定了歐洲大陸上第一部憲法。其後政局動
蕩,拿破崙崛起。在拿破崙執政期間,法國多次發動對外擴張
戰爭,拿破崙成為意大利國王、萊茵聯邦的保護者、瑞士聯邦

的仲裁者、法蘭西帝國殖民領主。亞洲憲法的產生不僅比歐洲晚了一、二百年，而且是在追求民族解放和國家獨立，擺脫西方殖民主義的進程中產生的，是政治因素壓過了經濟條件。在亞洲，制定憲法不僅是國家取得獨立的重要標誌，也是追求國家富強的重要手段。如以我國為例，「中國人對憲政問題的思考是由西方的武力侵逼而引起的」，[6] 最早提出制定憲法的鄭觀應就曾指出，「有國者苟欲攘外，亟須自強，欲自強，必先致富；欲致富強，必首在振工商，欲振工商，必先講求學校、速立憲法、尊重道德、改良政治」。[7] 在當時，制定憲法與實施憲法主要是作為救亡圖存的一種手段和措施來考慮的。

在亞洲，最早移植立憲主義的國家是土耳其和日本。[8] 1876年奧斯曼帝國頒佈了其歷史上第一部憲法，但並未真正實行。1890 年日本制定了大日本帝國憲法，即《明治憲法》。1912 年中國建立了亞洲第一個民主共和國，頒佈了《中華民國臨時約法》。其後，直至第二次世界大戰結束，西方殖民體系瓦解，亞洲國家紛紛獲得獨立，這才獲得了制定自己憲法的機會，如

6　王人博：《憲政的中國之道》，山東人民出版社，2003 年，第 2 頁。

7　鄭觀應：《盛世危言後編・序文》，見《鄭觀應文選》，夏東元編，澳門歷史文物關注協會、澳門歷史學會出版，2002 年，第 164 頁。王韜曾於 1870 年撰寫的《法國志略》一文中提到法國於 1791 年「立一定憲法佈行國中」，見張晉藩：《中國憲法史》，吉林人民出版社、人民出版社，2011 年，第 27 頁。

8　徐秀義、韓大元主編：《現代憲法學基本原理》，中國人民公安大學出版社，2001 年，第 15 頁。

韓國、朝鮮各自在 1948 年獨立制定憲法，印度在 1950 年獨立制定自己的憲法，1957 年馬來西亞聯邦宣告獨立制定憲法。

亞洲國家在制定自己憲法的時候，西方在立憲主義上已經積累了長足的經驗，「可抄的憲法文本」太多了。這裏首先涉及到應選擇西方什麼樣憲政制度的問題。日本在制定《明治憲法》時，就討論過是選擇英美法等國的憲政制度，還是選擇歐洲另一模式的《普魯士憲法》。1912 年中國在急急忙忙制定臨時約法時，就採用美國的總統制還是英國的議會內閣制亦有不同看法。美國的卡爾‧羅文斯坦（Karl Loewenstein, 1891-1973）將憲法分為獨創憲法和模仿憲法，他認為獨創憲法只有五種：即英國議會主義的憲政體制、《美國憲法》、1793 年法國國民公會制、1918 年《蘇聯憲法》和孫中山的《五權憲法》。[9] 這種分類法主要是根據政治體制而對憲法所做的分類。根據這種分類，除了 1947 年的《中華民國憲法》外，亞洲其餘國家的憲法都屬於模仿憲法，是從其他國家抄過來的。[10]

其次，亞洲國家在制定憲法以後，面臨的最大問題就是西方傳來的憲法體制與這些古老國家傳統治理模式的內在衝突問題。這就是我們通常所說的「制憲容易而行憲難」的問題。中

9　徐秀義、韓大元主編：《現代憲法學基本原理》，中國人民公安大學出版社，2001年，第 29-30 頁。

10　這種分類法實際上還漏掉了瑞士的委員會制。

　　　　　　　　　　　「一國兩制」的變與不變

國在 1911 年到 1949 年期間，就制定過五部憲法，[11] 其中三部以「約法」命名，兩部正式以「憲法」命名；1949 年我國制定了起臨時憲法作用的《中國人民政治協商會議共同綱領》，其後分別在 1954 年、1975 年、1978 年和 1982 年制定過四部憲法。[12] 泰國在 1932 年 1 月 27 日到 1959 年 1 月 29 日間，就曾制定過多達七部的憲法，其中兩部被確認是暫行憲法（1932 年、1947 年），一部是臨時憲法（1950 年）。此種情況乃至有一種意見認為，在泰國有「兩部憲法，一是短暫的成文憲法；二是仍作為政府賴以建立的基礎的、更持久的實質性的法律和風俗」。[13]

1789 年法國《人權宣言》指出：「凡權利無保障和分權未確立的社會，就沒有憲法。」[14] 這指出了書面憲法與現實憲法的不

11　這五部憲法是指 1912 年《中華民國臨時約法》、1914 年《中華民國約法》、1924 年《中華民國憲法》、1931 年《中華民國訓政時期約法》、1946 年《中華民國憲法》。

12　也有一種意見指出，從 1954 年憲法開始，其後制定的憲法，不屬於制定憲法，而是屬於修改憲法的範疇，這是因為後一部憲法基本上是根據前一部憲法所規定的修改程序進行的。這種觀點在法律上是可以成立的，不過，這裏所說的修改，屬於對憲法的全面修改，從其形式上看，具有制定憲法的意涵。1982 年制定憲法以後，我國又分別在 1988 年、1993 年、1999 年、2004 和 2018 年進行了修改，至今共有五十二條修正案。

13　〔斯里蘭卡〕尼蘭‧提魯切萬：《南亞立憲主義的轉機》，張文彬譯，載許崇德主編：《憲法與民主政治》，中國人民大學憲法與民主政治國家學術研討會文集，中國檢察出版社，1994 年，第 297-308 頁。

14　法國《人和公民的權利宣言》（1789 年 8 月）第十六條。

同：光制定憲法是沒有用的，真正的問題在於人權保障與權力制約。實際上，「立憲主義的要求比憲法豐富得多，立憲主義要求一種使持久的體制賴以穩固建立的法律和政治文化」。[15]

真正的國家憲法並非作為根本法的憲法規範的簡單相加，而是在社會上建立及存在的「實際權力關係」，即「實際憲法」，而「成文憲法」只不過是「一頁紙」。[16] 因此我們可以形象地比喻：立憲主義就是把憲法「立」起來，「動」起來，從書面走入現實，起到制約權力與保障人權的作用。亞洲立憲主義，就是亞洲以自己的方式將憲法「立」起來，「動」起來。

二、亞洲立憲主義的三個考察角度

亞洲立憲主義可以從以下三個方面加以考察。

第一個考察角度是亞洲的外部角度，即主要站在歐洲看亞洲。從古希臘的希羅多德（Herodotus, B.C.484-B.C.425）和亞里士多德開始，直至後來的孟德斯鳩、黑格爾（Hegel, 1770-

---

15 〔斯里蘭卡〕尼蘭‧提魯切萬：《南亞立憲主義的轉機》，張文彬譯，載許崇德主編：《憲法與民主政治》，中國人民大學憲法與民主政治國家學術研討會文集，中國檢察出版社，1994 年，第 297-308 頁。

16 José Manuel Cardoso da Costa：《政治學要素》，陳廣勝、馮文莊譯，澳門大學法學院、澳門基金會，1998 年，第 45 頁。

　　　　　　　　「一國兩制」的變與不變

1831）、馬克思（Marx, 1818-1883）和魏夫特（Wittfogel, 1896-1988），西方一直就有研究東方政體的歷史傳統。[17]亞里士多德認為，希臘世界以自由精神作支柱，而亞細亞人則擅於心機，精神卑弱，從而屈從為臣民，甚至淪為奴隸，東方世界以奴役制度為特徵。[18]二十世紀的魏夫特認為，東方社會的形成、發展與治水密不可分，大規模水利工程的建設和管理必須建立一個遍及全國的組織，君主專制由此形成。西方研究的歷史傳統將東方的政體稱為東方專制主義，與這種政體相對應，是東方令人側目、羨慕和垂涎的富饒境況。

所謂東方專制主義的觀念，反映出西方的優越感和西方中心論：專制是東方的，自由是西方的。[19]馬克思就曾指出，「統一體或是由部落中的一個家庭的首領來代表，或是由各個家長彼此間發生聯繫。與此相應，這種共同體的形式就或是較為專制的，或是較為民主的」。[20]歐洲大陸國家的形成主要基於社會的階級分化，而亞洲的早期國家都是絕對君主專制，擁有強大的官僚機器，其經濟基礎是土地的國有制度，私有制則只具有次要意

---

17 有著「西方歷史學之父」之稱的希羅多德認為，當時發生的希波戰爭之所以出現弱小的希臘打敗了強大的波斯的情況，根本原因就是雅典奉行民主政治，而波斯則實行君主專制統治，雅典的勝利是民主政治對東方專制主義的勝利。

18 涂成林：《東方專制主義理論：馬克思與魏特夫的比較研究》，載《哲學研究》2004 年 4 月。

19 常保國：《西方歷史語境中的「東方專制主義」》，載《政治學研究》2009 年第 5 期。

20 《馬克思恩格斯全集》第 46 卷上冊，人民出版社，1979 年，第 474 頁。

義。[21] 西方人心目中的東方專制主義是人類文明的另一種發展道路造成的。東西方的歷史不可能沿著相同的道路發展，由於沿著不同的道路發展，就必然體現出迥然相異的歷史圖景。[22]

西方立憲主義建立在以基督教為基礎的西方文化上。美國總統就職宣誓自華盛頓（George Washington, 1732-1799）始就形成手按《聖經》宣讀誓言的傳統。[23] 然而，正如亨廷頓（Samuel P. Huntington, 1927-2008）指出，「哲學假定、基本價值、社會關係、習俗以及全面的生活觀在各文明之間有重大的差異」，「東亞經濟的成功有其東亞文化的根源，正如在取得穩定的民主政治制度方面東亞社會所遇到的困難有其文化根源一樣」，[24] 亞洲卻有著悠久的古老文明和自己的宗教。在「立憲主義思想的移植過程中，西方與非西方社會首先在文化領域發生了尖銳的衝突」，「這一衝突迄今沒有得到完全結束，它以不同形式影響今後（亞洲）立憲主義的發展」。[25]

21　〔俄〕B.B. 拉扎列夫主編：《法與國家的一般理論》，王哲等譯，法律出版社，1999年，第 57 頁。

22　涂成林：《東方專制主義理論：馬克思與魏特夫的比較研究》，載《哲學研究》2004 年 4 月。

23　有時並非必然如此，1901 年西奧多‧羅斯福宣誓就職時並未手按《聖經》宣讀誓言。

24　〔美〕薩繆爾‧亨廷頓：《文明的衝突與世界秩序的重建》，新華出版社，2010 年，第 8 頁。

25　徐秀義、韓大元：《憲法學原理》（上），中國人民公安大學出版社，1993 年，第 42 頁。

第二個考察角度是亞洲的內部角度,即站在亞洲看亞洲。這就必須看到,亞洲是世界上第一大洲,幅員遼闊,東起白令海峽,西至地中海和黑海,世界四大文明古國中,有三個在亞洲,即黃河流域(中國)、印度河 — 恒河流域(今巴基斯坦和印度)、幼發拉底河與底格里斯河的兩河流域(古巴比倫,今伊拉克境內)。在十八到十九世紀的歐洲工業革命以前,亞洲的經濟、社會和科學文化都處於世界領先地位。亞洲的宗教有佛教、伊斯蘭教和印度教。即使是西方的基督教,也起源在亞洲境內,即今天西亞巴勒斯坦的伯利恒。在亞洲內部,民族眾多,文化的多樣性很強,表現出異常的不同。

憲法必須以國家為單位。亞洲現在有四十八個獨立的政區單位(國家),並可以分為七個地理區,即東亞、東南亞、南亞、西亞、中亞、外高加索和北亞。[26] 這七個地區和四十八個國家,不僅其經歷的歷史發展道路不同,而且存在著多種不同

---

26 這七個地區四十八個國家包括:(1)東亞,包括中國、蒙古、朝鮮、韓國和日本五國;(2)東南亞,包括越南、老撾、柬埔寨、泰國、緬甸、馬來西亞、新加波、汶萊、菲律賓、印尼和東帝汶十一國;(3)南亞,包括尼泊爾、不丹、孟加拉、印度、巴基斯坦、斯里蘭卡和馬爾代夫七國;(4)西亞,包括阿富汗、伊朗、伊拉克、科威特、沙特阿拉伯、巴林、卡塔爾、阿拉伯聯合酋長國、阿曼、也門、敘利亞、黎巴嫩、約旦、巴勒斯坦、以色列、賽普勒斯和土耳其十七國;(5)中亞,包括哈薩克斯坦、吉爾吉斯斯坦、烏茲別克斯坦、塔吉克斯坦、土庫曼斯坦五國;(6)外高加索,包括亞美尼亞、格魯吉亞和阿塞拜疆三國;(7)北亞,指俄羅斯的西伯利亞和遠東區。見《中國大百科全書》第 25 卷,中國大百科全書出版社,2009 年,亞洲條。

形式的民族文化，社會經濟條件發展不平衡。國家多，憲法的穩定性又比歐洲差，制憲頻繁，因此亞洲憲法的種類很多。憲法的傳統分類，如成文憲法和不成文憲法、剛性憲法和柔性憲法、君定憲法、協定憲法和民定憲法，在亞洲這些國家裏都能找到典型的例子。亞洲的憲法在國家結構形式角度上，有單一制憲法和聯邦制憲法；在政體和政治體制的角度上，有君主制憲法和共和制憲法，有總統制憲法與議會內閣制憲法，有議會君主制憲法和議會共和制憲法。從意識形態來看，亞洲有社會主義憲法和資本主義憲法。

這麼複雜而形式多樣的文化，這麼遼闊而歷史悠久的地域，這麼繁多而有著自己獨特歷史的國家，這麼精細而複雜的憲法分類，迫使我們進一步思考：有沒有一個統一的亞洲文化？有沒有一個統一的亞洲東方政體？有沒有一個統一的亞洲國家治理模式？但是，不管怎樣，我們都必須承認，在亞洲內部，至少還存在著中國文化（儒家文化）、印度文化和伊斯蘭文化。在這些不同文化基礎上建立起來的立憲主義，不可能出現統一的模式，而與西方立憲主義的文化基礎相比，更是不可能完全相同。

第三，亞洲立憲主義對我們中國而言，還必須站在中國的角度看亞洲；對於其他國家而言，還必須站在其具體國家的角度上進行考察。

亞洲的許多國家在學習西方立憲主義的過程中，充分認識

到西方的經驗不能全部照搬的原則。在日本，明治維新後不同政治勢力爭論的主要問題就是日本應採取什麼樣的憲政模式，即如何把歐美的立憲主義同日本的傳統文化結合。穗積陳重（1855-1926）把日本國家的特徵定義為「神政的、家長式立憲主義」（Theocratio-patriarchal Constitutionalism），認為日本政體有神政的、家長式的和立憲三重特性，體現著過去和現在的精心結合。日本最終形成以天皇為「機軸」的立憲政體。[27]

中國很早就在這方面進行了探索。孫中山提出試圖超越歐洲模式的「三民主義」，即民族、民權和民生，並在西方三權分立的基礎上，加上中國傳統的考試權和監察權，提出五權憲法的思想，從而「促成了將西方的民主憲法理論與中國傳統政治體制的結合，創造性地繪製了一幅中國憲政藍圖」。[28] 1931年《中華民國訓政時期約法》、1946年《中華民國憲法》基本上是根據這一思想進行了政治體制的設計。

毛澤東對中國近代以來的社會性質和特點提出了系統論

---

27 〔日〕信夫清三郎：《日本政治史》，上海譯文出版社，1989 年，第 234 頁。伊藤博文認為，「在西歐各國，憲法政治出現已經千餘年，不僅人民熟悉制度，且有宗教為其機軸，人心皆歸於此。然而，在日本宗教力量微弱，無一可以作為國家機軸者」。他痛感在日本沒有歐洲各國基督教那種「人心歸一」的宗教，認為在日本「可以成為機軸者，唯有皇室」。見該書第 200 頁。轉引自韓大元：《日本近代立憲主義產生的源流 —— 以明治憲法制定過程中的文化傳統為中心》，載《比較法研究》1992 年第 2 期、第 3 期合刊。

28 程潔：《治道與治權：中國憲法的制度分析》，法律出版社，2015 年，第 112 頁。

述，在馬克思和列寧的思想基礎上，形成了自己的思想體系，提出了舊民主主義革命、新民主主義革命和社會主義革命的劃分理論。1976 年以後，我國經歷了從傳統計劃經濟的社會主義向中國特色社會主義的過渡，逐步形成了中國特色社會主義理論、道路和制度。所謂中國特色，是指必須充分注意到中國本身的特點、國情、經濟發展階段和歷史傳統等。「一國兩制」就是中國特色社會主義的重要組成部分，更是亞洲立憲主義的具體體現。

三、「一國兩制」：亞洲立憲主義的產物

現在就以上文所說的三個角度考察中國政府在 20 世紀 80 年代提出並最先運用於解決香港問題、澳門問題的「一國兩制」概念。

「一國兩制」是「一個國家，兩種制度」的簡稱。這裏的「兩制」是指一個國家裏存在兩種類型的社會制度，「而不是部分法律條文或具體施政措施的不同」。[29] 我國屬於社會主義國家，憲法第一條明確規定社會主義制度是中華人民共和國的根

---

29 宋小莊：《論「一國兩制」下中央和香港特區的關係》，中國人民大學出版社，2003 年，第 15 頁。

「一國兩制」的變與不變

本制度。馬克思提出的社會主義理論本身就以消滅資本主義制度為歷史使命。而在「一國兩制」的構想下，中國政府為了解決歷史上遺留下來的國家統一問題，在國家主體實行社會主義制度的前提下，允許統一後的台灣、香港、澳門繼續保持其原有的資本主義制度不變。

1984 年 12 月 19 日簽署的《中英聯合聲明》和 1987 年 4 月 13 日簽署的《中葡聯合聲明》，以國際法的形式集中闡述了中國政府對香港、澳門實行「一國兩制」的基本內容：在香港和澳門回歸中國以後，設立特別行政區，直轄於中央人民政府，實行高度自治、「港人治港」和「澳人治澳」，享有行政管理權、立法權、獨立的司法權和終審權；行政機關和立法機關由當地人組成；特別行政區不實行社會主義的制度和政策，保持原有的資本主義制度和生活方式不變；繼續保持自由港和獨立關稅地區的地位；可以「中國香港」和「中國澳門」的名義單獨地同各國、各地區及有關國際組織保持和發展經濟文化關係；香港和澳門繼續發行港幣和澳門元，保持財政獨立，中央人民政府不向特別行政區徵稅；特別行政區除使用中文外，還可使用英文或葡文；特別行政區除懸掛中華人民共和國國旗和國徽外，還可使用自己的區旗和區徽；等等。這些內容在隨後起草的香港基本法和澳門基本法得到了具體化和法律化。至於中央人民政府在兩個特別行政區直接行使的具體權力，主要表現在國家對香港、澳門恢復行使主權必不可少和不可或缺的權

力，如負責管理防務和外交、任命行政長官和政府主要官員，發回立法會的法律使其無效，解釋基本法和修改基本法，等等。

鄧小平指出，「一國兩制」是一個新的事物，「這個新事物不是美國提出來的，不是日本提出來的，不是歐洲提出來的，也不是蘇聯提出來的，而是中國提出來的，這就叫做中國特色」。[30]「一國兩制」構想在中國歷史上是有先例的：「為了在我們這樣一個幅員遼闊、習俗各異，政治經濟發展不平衡的大國保持統一，在朝廷勢力所及的範圍內，在主要制度大體一致的情況下，一些局部地區，尤其是一些少數民族地區，在具體管理制度上往往實行特殊的辦法」。[31] 這些局部或邊遠的行政地區，秦代稱道、屬邦、臣邦，到漢代稱道和屬國，南朝時稱左州、左郡和左縣，唐宋時統一稱為羈縻府、羈縻州、羈縻縣，元明清時形成土司制，稱土路、土府、土州、土縣、土峒或宣慰司、安撫司、長官司等。清代的邊疆特別行政體制在東北、蒙古、新疆、青海、西藏和西南又各自不同，既有傳統土司的

---

30 鄧小平：《會見香港特別行政區基本法起草委員會委員時的講話》（1987 年 4 月 16 日），見《鄧小平文選》第 3 卷，第 218 頁。

31 劉海年：《「一國兩制」——從科學構想到光輝實踐》，載 Priscilla MF Leung, Zhu Guobin 主編：*The basic law of the HKSA: From Theory to Practice*, Butterworths, 1998 年。

政治制度，也有西藏那樣的政教合一的制度。[32] 這些行政區劃制度及在其區域實行不同的社會和政治制度，尊重和保持了各民族在歷史、社會、自然等方面天然形成的差異性，能夠使得少數民族地區能夠按照自身社會發展的自然規律向前發展。[33]「一國兩制」正是深深扎根於中國的歷史和文化土壤上的。至於高度自治、特別行政區和行政長官這些概念，在近代以來的中國法制史上都有先例，都不是首次出現在香港基本法和澳門基本法裏。[34]

最早提出主體概念的讓‧博丹（Jean Bodin, 1530-1596）將主權者的權力分為立法、宣戰媾和、設置罷免主要官員、終審、赦免、要求盡忠、鑄幣、度量衡、徵稅、海洋的權力、沒收、檢事檢控、王室標誌或王室權利、法定語文、根據良心進行審判，及陛下的稱謂。[35] 霍布斯則認為「按約建立的主權者的權力」包括強制服從、審查言論自由、訂立規章、司法權、宣

---

32 見孫關龍、孫華：《關於中國古代兩種地方政制的初步研究》，載《「一國兩制」研究》第 9 期，2011 年 7 月及劉海年：《「一國兩制」—— 從科學構想到光輝實踐》，載 Priscilla MF Leung，Zhu Guobin 主編：*The basic law of the HKSA: From Theory to Practice* 等等。

33 陳雲生：《憲法人類學 —— 基於民族、種族、文化集團的理論建構及實證分析》，北京大學出版社，2005 年，第 194 頁。

34 可參見王禹：《授權與自治》，濠江法律學社，2008 年，第 19 頁、第 92 頁。

35 〔法〕讓‧博丹：《主權論》，〔美〕朱利安‧H. 富蘭克林編，李衛海、錢俊文譯，邱曉磊校，北京大學出版社，2008 年，第 93-147 頁。

戰媾和及徵兵募款、甄選官吏、頒賜榮銜爵祿及施行體刑罰金及名譽權等。[36] 芮恩施（Reinsch, 1869-1922）將近代政府的機能分為自給（租稅）、防護的（防務）、外交的、教育的、發展的（公益）和交通的機能。[37] 而在「一國兩制」下，中央直接行使的權力主要保留了防護與外交的機能，及任命行政長官及主要官員、解釋及修改基本法等少數幾種具體權力。有一種觀點認為，「一國兩制」是「一個充滿矛盾的制度設計」，「對北京和香港來說，都是一個相當矛盾和巧妙的佈局」。[38] 關鍵在於這些設計不是從書本上的西方憲法理論出發來思考和解決問題的。「一國兩制」是基於中國的現實情況和歷史傳統出發，著眼於解決實際問題，著眼於解決中國面臨的台灣問題、香港問題和澳門問題進行設計的。「一國兩制」構想裏的高度自治、「港人治港」與「澳人治澳」，五十年不變，愛國者治理，都帶有「中國土特產」的氣息，反映出亞洲立憲主義的特點。

36　〔英〕霍布斯：《利維坦》，黎思復、黎廷弼譯，楊昌裕校，商務印書館，1985 年，第 133-142 頁。

37　〔美〕保羅‧S. 芮恩施：《平民政治的基本原理》，羅家倫譯，蔣夢麟校，郭光東勘校，中國政法大學出版社，2003 年，第 184 頁。

38　呂大樂：《退一步，進兩步》，載《明報》2014 年 9 月 19 日。

四、亞洲立憲主義的機遇與挑戰

憲法必須在和平中才能有效運作,「立憲主義實質上是一種和平主義」。[39] 和平既包括國內的和平,也包括國際的和平,立憲主義的實現,除了一部制定嚴密的憲法文本外,還需要一個和平的國內環境和國際條件。二戰以後,亞洲國家擺脫了殖民主義的枷鎖,走上了國家獨立和民族發展的道路,這就為立憲主義在亞洲的發展提供了政治條件。尤其是最近幾十年,亞洲經濟的迅速發展和對東方文明的重拾信心,為亞洲立憲主義的發展提供了堅實的社會基礎。

西方憲政是基於西方文化傳統而內生的一種現象,甚至可以認為是西方社會、文化自然演進的一種「沒有想到的結果」(Unintended Consequence)。[40] 亞洲立憲主義則主要是在外力影響下形成和出現的。在亞洲歷史上,與強大王權同時存在的還有自律的社會共同體。[41] 在許多國家,有些立憲主義的制度來自

---

39 韓大元:《亞洲立憲主義研究》,中國人民公安大學出版社,1996 年,第 195 頁。

40 杜維明:《儒家人文主義與民主》,載《儒家傳統的現代轉化》,中國廣播電視出版社,1992 年,第 378 頁。

41 〔日〕安田信之:《非西歐社會的立憲主義》,1990 年日本比較法學會論文,轉引自徐秀義、韓大元主編:《現代憲法學基本原理》,中國人民公安大學出版社,2001 年,第 56 頁。

西方，但其具體運行則按照亞洲傳統的方式和原則。[42] 這種制度設計與制度運行的不一致、背離和衝突，在一些國家和地區裏，甚至嚴重到帶來社會的分裂和不穩定，阻礙社會的發展。

亞洲社會普遍存在著義務本位和國家至上的思想，「不同於以個人為中心的西歐型人權，它具有集團和社會權利的性質」。[43] 施密特（Carl Schmitt, 1888-1985）在研究十八世紀以來西歐與北美的憲法時，認為其基本特徵在於「對基本權利的承認、權力分立和通過公民大會實現立法過程的最低限度的民眾參與」。[44]「在西方，立憲主義的要義便在於通過分權與制衡來保障公民的基本權利和自由」。[45] 個人優於國家，權利先於義務，這是西方立憲主義的整個出發點。其理論基礎在於國家是一個「必要的惡」，立憲主義就是防止這種「必要的惡」的濫用。而在東方，關於國家的概念與西方有很大的不同。在中國，「國」與「家」合用，「國」被理解為一個擴大的「家」，而「家」是一個縮小的國。因此，國家的觀念帶有很強的倫理

42　韓大元：《亞洲立憲主義研究》，中國人民公安大學出版社，1996 年，第 230 頁、第 237 頁。

43　〔日〕安田信之：《非西歐社會的立憲主義》，1990 年日本比較法學會論文，轉引自徐秀義、韓大元主編：《現代憲法學基本原理》，中國人民公安大學出版社，2001 年，第 56 頁。

44　C. Schmitt, *Verfassungslehre* (1928), Berlin 1970，轉引自《憲政與民主 —— 理性與社會變遷研究》，潘勤、謝鵬程譯，生活・讀書・新知三聯書店，1997 年。

45　王劍鷹：《立憲主義在亞洲》，《現代法學》第 24 卷第 1 期（2002 年 2 月）。

色彩，「所謂天子者，天下相愛如父子」、「善為國者，御民如父母之愛子，如兄之慈弟也」。[46] 這些觀念可能是西方立憲主義所沒有的。

中國的儒家傳統強調包容與尊重差異。孔子曰：「君子和而不同，小人同而不和。」[47]「一國兩制」的統一首先是一種建立在民族大義上的統一。鄧小平說，「港人治港有個界限和標準，就是必須以愛國者為主體的港人來治理香港」，「不管他們相信資本主義，還是相信封建主義，甚至相信奴隸主義」，只要愛祖國，愛香港，都是愛國者。[48]「一國兩制」不僅包括在制度上尊重不同的法律體系與生活方式，而且還包括尊重意識形態、政治信仰與價值觀念的不同。

十九世紀以後，亞洲各國在確立立憲主義體制的過程中都出現了不同形式的立憲運動，如土耳其立憲運動、伊朗君主立憲運動、泰國改革、印度國大黨的改革、日本明治維新以及中國的戊戌變法等。[49] 在這些國家，不同政治勢力的力量對比、不同的歷史傳統和文化特點對最終確立的憲法體制產生了深遠影

---

46 《六韜》。

47 《論語・子路》。

48 鄧小平：《一個國家，兩種制度》，1984 年 6 月 22 日和 23 日分別會見香港工商界訪京團和香港知名人士鍾士元等的談話要點。

49 徐秀義、韓大元主編：《現代憲法學基本原理》，中國人民公安大學出版社，2001 年，第 45 頁。

響。立憲主義「是特定社會根據自身設定的經驗產物，堅持單一方式對其界定或實施，而排除其他可能性，既不合理也不可取」。[50] 真正形成亞洲特點的立憲主義，不僅需要吸收西方立憲主義的精髓，而且還要堅守東方古老文明的智慧。亞洲立憲主義必須建立在自己的歷史傳統和文化特點上，才能獲得豐厚的滋養土壤。「一國兩制」在這個意義上，為亞洲立憲主義提供了一個好的例子。

---

50 〔美〕阿卜杜拉・艾哈邁德・安納依姆：《伊斯蘭與比較視野下的宗教、國家與憲政主義》，曹晶晶譯，載《中西法律傳統》（第 12 卷），中國政法大學出版社，2016 年。

第二章
豐富和發展「一國兩制」理論

一、「一國兩制」的時代變遷

「一國兩制」是中國政府在 1980 年代初提出的解決國家統一問題的戰略構想，並以此方針成功解決了香港問題和澳門問題。鄧小平曾指出，「總的來說，『一國兩制』是個新事物，有很多我們預料不到的事情」。[1] 在一個國家之內，社會主義與資本主義同時存在，本身就蘊含著某種結構性矛盾。尤其是隨著回歸二十多年來港澳與內地越來越緊密的交流與合作，既提出了「一國兩制」和基本法在實施過程中諸多新問題和新情況，也為「一國兩制」未來發展提供了新的可能性和時代空間。這就客觀上要求我們進一步完善基本法實施的制度和機制，對「一國兩制」理論進行更深層次的探討，在新的時代背景下進一步豐富和發展「一國兩制」理論。

「一國兩制」提出時我國正處於一個意識形態嚴重對立的時代，對社會主義與資本主義缺乏全面認識和正確理解。從 1957 年下半年開始到中共十一屆三中全會以前，我國在「什麼是社會主義」及「如何建設社會主義」的問題上完全照搬蘇聯的斯

---

1 鄧小平：《會見香港特別行政區基本法起草委員會時的講話》（1987 年 4 月 16 日）。

大林（Stalin, 1878-1953）模式。[2] 主要表現有：（1）將社會主義與公有制、資本主義與私有制，不加區別地劃上等號，認為社會主義就是公有制，資本主義就是私有制。越公就越是社會主義，越私就越是資本主義；（2）將社會主義與計劃經濟、資本主義與市場經濟，不加區別地劃上等號，認為社會主義就是計劃經濟，資本主義就是市場經濟；（3）將西方的人權、法治等概念簡單地視為是資產階級為維護自己統治而用來欺騙人民的虛偽概念。這種機械僵化的理解，使得社會主義與資本主義處於一種非此即彼的根本對立關係，以至於當時做什麼事情都要問一下「姓社姓資」。香港基本法、澳門基本法在序言和總則裏都明確規定，特別行政區不實行社會主義的制度和政策，保持原有的資本主義制度和生活方式五十年不變。

　　當時的中國，國民經濟發展緩慢，主要比例關係長期失調，經濟管理體制嚴重僵化。人民生活水準基本上沒有提高，反而在某些方面甚至下降。中國不僅沒有縮小與發達國家的差距，反而是拉大了差距。內地的貧窮與港澳的富裕，內地的落後與港澳的開放，構成鮮明對比。現在，經過四十年的改革開

2　《中國社會主義建設》，高等學校馬克思主義理論課通用教材（1993 年修訂本），遼寧人民出版社，1995 年，第 5 頁；黃宗良、林勳健主編：《冷戰後的世界社會主義運動》，北京大學出版社，2003 年，第 8-18 頁。有關斯大林模式的特徵，可參見黃宗良、孔寒冰：《社會主義與資本主義的關係：理論、歷史和評價》，北京大學出版社，2002 年，第 137-140 頁。

放，中國社會發生了翻天覆地的變化。中國內地由封閉、貧窮和落後變化到開放、富強和文明，從原來的缺乏生機變化到充滿活力。經濟發展和社會進步取得了顯著成就，2010 年中國的經濟總量已經超越日本，躍居世界第二，[3] 綜合國力不斷提高，國際地位不斷上升，人民當家作主的民主意識不斷增強，憲法明確把建設社會主義法治國家、尊重和保護人權寫進修正案。[4]「現在，我們比歷史上任何時期都更接近中華民族偉大復興的目標，比歷史上任何時期都更有信心、有能力實現這個目標」。[5]

香港、澳門回歸後，就重新納入了我國統一的國家治理體系。香港、澳門的「一國兩制」已經從「一套國家統一理論」轉化為「一套國家治理理論」。[6]「一國兩制」和特別行政區制度是國家治理港澳的一種特殊安排。這種特殊安排既具有特殊性，也具有一般性。它決非是一種純粹或獨立的「局部性治理」

---

3 2002 年人均國內生產總值（GDP）僅為 1,135 美元，到 2011 年劇增至 5,432 美元，增加了 3.7 倍。同期，GDP 總值也從美國的七分之一增至一半水平。雖然中國依然存在貧富和地區差距，但中國東部沿海地區的人均 GDP 已達到一萬美元以上，生活水平明顯提高。見《澳門日報》2013 年 3 月 15 日 B3 版。

4 見《中華人民共和國憲法修正案》第十三條和第二十四條。

5 習近平：《實現中華民族偉大復興是中華民族近代以來最偉大的夢想》，2012 年 11 月 29 日在參觀《復興之路》展覽時的講話。

6 祝捷等：《澳珠區域一體化法律障礙及其解決機制》，澳門理工學院一國兩制研究中心，2007 年，第 3 頁。

或「自治式治理」，[7] 它是在統一的國家管理體制下運作的。它還是國家參與全球治理的重要制度平台。[8]

二、「一國兩制」在新的時代背景下面臨的問題

（一）善治問題

善治，實質上是指尋找和實現一種更好的治理，是治理的理想狀態。[9] 治理涉及三個基本問題：誰治理、如何治理、治理得怎樣，即治理主體、治理機制和治理效果，它們構成一個有機、協調、動態、整體的制度運行系統。[10] 善治既包括責任政府、法治政府和陽光政府的概念，也包括政府的管治能力，以及政府與居民的良好互動、密切合作和建設良性民主政治的問題。對特別行政區的治理，既包括中央對特別行政區的管治權

7　常樂：《新時代「一國兩制」理論與實踐》，中華書局（香港）有限公司，2018 年，第 85-96 頁。

8　常樂：《新時代「一國兩制」理論與實踐》，中華書局（香港）有限公司，2018 年，第 97 頁。

9　有關善治概念的討論，可參見何增科、陳雪蓮：《政府治理》，中央編譯出版社，2015 年，第 101-102 頁。

10　俞可平：《走向善治》，中國文史出版社，2016 年，第 105 頁。

力，也包括特別行政區高度自治權。這兩種權力相輔相成，而不能將其理解為是互相對立的。因此，在「一國兩制」的憲法架構下，善治問題不僅僅屬於特別行政區的內部事務，而且也涉及到中央人民政府在特別行政區的權力行使和權威建設問題。

　　特別行政區的善治問題，尤其是指特別行政區政治體制在「一國兩制」架構下的良性運作問題。[11] 特別行政區政治體制的最本質特點就是它是一種地方性政治體制。行政長官處於這套政治體制的核心位置，具有地區首長和行政首長的雙重地位，對中央人民政府和特別行政區負責。行政長官具有廣泛職權，在特別行政區內部諸種權力關係中處於主導地位，在中央和特別行政區的關係上，又起著承上啟下的作用。這種政治體制可以稱為行政長官制。[12] 行政長官制是在中央授權的基礎上運作的。特別行政區治理體系和治理能力現代化建設必須以行政長官制為基礎而展開。

---

11 劉兆佳討論了香港管治困難的若干原因，並提出了回歸後新政權的建設問題，見其作品《回歸十五年以來香港特區管治及新政權建設問題》，商務印書館（香港）有限公司，2007 年。

12 見蕭蔚雲主編：《論澳門特別行政區行政長官制》，澳門科技大學，2005 年，第1-2 頁。

（二）發展問題

發展是第一要務。[13] 香港和澳門回歸後，都面臨著繼續發展的問題和挑戰。發展不僅意味著經濟規模擴大和單純經濟增長，還應當以人為本，包括社會文明進步和居民生活質素提高。發展還需要一個全新的現代發展觀，包括現代定位觀、現代競爭觀、現代合作觀、現代開拓觀和現代創新觀等，要有一系列認識的轉變和調整。[14]

香港與澳門，位於珠江口東西兩側，與廣東構成天然的合作夥伴。粵港澳三地在過去年代，特別是近二十年的各自發展均不同程度地得益於區域合作，三地更應該將各自的優勢進一步優先組合為區域整體優勢，做好各自的發展定位及互相認同。[15] 2017 年 7 月國家發展和改革委員會、廣東省人民政府、香港特別行政區政府和澳門特別行政區政府共同簽署了《深化粵港澳合作推動大灣區建設框架協議》，2019 年 2 月《粵港澳大灣區發展規劃綱要》發佈，建設國際一流灣區和世界級城市

13　習近平：《在慶祝香港回歸二十週年暨香港特別行政區第五屆政府就職典禮上的講話》（2017 年 7 月 1 日）。

14　楊允中：《論「一國兩制」澳門實踐模式》，澳門理工學院一國兩制研究中心，2009 年，第 304-305 頁。

15　楊允中：《論「一國兩制」澳門實踐模式》，澳門理工學院一國兩制研究中心，2009 年，第 300 頁。

群提上歷史日程。

（三）融合問題

經濟合作可以帶來共同進步和互相融合。尤其是在粵港澳三地合作機制的演進中，應當進一步推進重大基礎設施對接和通關便利化，實現人流與物流的雙向暢通，大力加強產業合作，共建優質生活圈，實行政策協調和規劃銜接。融合不僅包括特別行政區與中國內地的相互尊重、和諧相處和共同發展，還應當包括特別行政區內部不同族群、不同國籍人士的相互尊重、和諧相處和共同發展。

在粵港澳大灣區建設上升為國家發展戰略後，港澳與內地尤其是在粵港澳大灣區內，就不僅僅是經濟關係，而是包括經濟關係在內的科技、教育、醫療、就業、置業、養老等經濟社會的全方位治理體系的建立。[16] 這種全方位治理體系的建設，使得「一國兩制」中的「兩制」可以通過制度的安排加以協調形成制度共同體，[17] 從而在更高的基礎上形成命運共同體。

---

16 常樂：《新時代「一國兩制」理論與實踐》，中華書局（香港）有限公司，2018 年，第 88 頁。

17 祝捷等：《澳珠區域一體化法律障礙及其解決機制》，澳門理工學院一國兩制研究中心，2007 年，第 9 頁。

（四）平台問題

　　港澳在國家改革開放的歷史進程中起到了不可替代的重要作用。[18] 香港和澳門回歸後，在各類社會、經濟國際組織中的地位及與世界其他國家和地區的聯繫仍然十分重要，尤其是參與「一帶一路」的建設過程中，可以利用與普通法地區，葡語國家廣泛聯繫及多元文化優勢，起到連接國家的作用，助力「一帶一路」沿線國家和地區實現貿易互通、資金融通和民心相通，讓共建成果惠及更廣泛領域。

　　「一國兩制」不僅是中國解決國家統一問題的新思路，也是整個國家現代化建設和改革開放大戰略的有機組成部分。[19] 所謂平台問題，是指發揮港澳對外交流平台作用。特別行政區享有一定的對外事務權，這不僅是特別行政區高度自治的重要體現，更重要的是，是如何藉助香港與澳門這個平台，協助中國內地進一步擴展對外開放，進一步協助中國經濟融入全球經濟，進一步協助中國走向世界。香港和澳門分別經歷了英國和葡萄牙的長期管治，與英國和葡萄牙不可避免地存在著特殊的

---

[18] 這些重要作用包括投資興業的龍頭作用、市場經濟的示範作用、體制改革的助推作用、雙向開放的橋樑作用、先行先試的試點作用和城市管理的借鑑作用。見習近平：《在會見香港澳門各界慶祝國家改革開放四十周年訪問團時的講話》（2018年11月12日）。

[19] 王振民：《「一國兩制」的新發展》，載《瞭望》2007年第4期。

關係和利益紐帶。香港還在中美關係中扮演著十分重要的角色，這些特點使得香港、澳門可以在國家外交戰略和中國對外開放格局中發揮更為積極有益的作用。

三、國家認同與制度建設

香港和澳門在繼續推進「一國兩制」實踐的過程中，除了面對上述的善治問題、發展問題、融合問題和平台問題外，還有各自面對的突出問題。這在香港，主要表現為國家認同問題，而在澳門，主要表現為制度建設問題。

國家認同，是指公民對自己歸屬某個國家的認知，以及對這個國家的構成，如政治、文化和族群等要素的評價和情感。[20] 香港回歸後，部分香港人士有意無意割裂和對立「堅持一國原則」和「尊重兩制差異」，傾向於從「香港乃獨立政治實體」的觀點作出另類詮釋，只講「兩制」而不提或少提「一國」，不僅使「一國」原則之貫徹落實嚴重受阻，而且造成香港社會

---

20 暨愛民：《國家認同建構：基於民族視角的考察》，社會科學文獻出版社，2016年，第84頁。

泛政治化乃至民粹主義，陷入無休止的政治內耗中。[21] 在香港，「一個國家」就是指中華人民共和國，它是具體而現實的，是由中華人民共和國憲法所確立的國家主權、國家制度構成的。[22] 香港二十三條立法和國民教育事件、佔中，以及最近的反修例，都顯露了香港社會的國家認同問題。[23]

制度建設則是澳門在繼續推進「一國兩制」實踐中尤其需要面對的突出問題。澳門基本法本身就有多處條文對原有法律和原有政策提出了進一步完善及提供新的法律保障的規定。[24] 澳門回歸前，法律體系相對較為混亂，管治體制奉行機械程序

---

21 可參考饒戈平：《「一國兩制」與國家對港澳地區管治權》，載《中國法律發展評論》2012 年第 1 期；齊鵬飛：《對「一國兩制」必須「保持耐心」》，載《中央社會主義學院學報》2017 年第 3 期；劉兆佳：《回歸十五年以來香港特區管治及新政權建設問題》，商務印書館（香港）有限公司，2017 年，第 17 頁，等等。

22 魯平：《行政長官必須「愛國愛港」的法律依據》，載《港澳研究》2014 年第 1 期；駱偉建：《「一國兩制」與澳門特別行政區基本法的實施》，廣東人民出版社，2009 年，第 19 頁。

23 有關香港國家認同問題的經濟和文化分析，可參見謝寶劍：《「一國兩制」背景下粵港澳社會融合研究》，載《中山大學學報》（社會科學版）2015 年第 4 期；胡潔人：《香港與內地衝突及化解之道》，載《當代社科視野》2014 年第 3 期；陳麗君：《回歸以來香港社會關係與社會矛盾變化分析》，載《港澳研究》2014 年春季號；祝捷、章小杉：《「香港本土意識」的歷史性梳理與還原 —— 兼論「港獨」思潮的形成與演化》，載《港澳研究》2016 年第 1 期；郭小說、徐海波：《香港政治國家認同分析與實現機制研究》，載《嶺南學刊》2017 年第 3 期，及《第二屆國家認同與制度建設 ——「一國兩制」理論與實踐問題座談會錄音整理》2017 年 8 月 10 日，等等。

24 見澳門基本法第一百、一百一十四、一百一十五條和第一百三十條。

主義，行政運作效率低下，在過渡期內的法律中文化和法律本地化，只是在形式上完成了一些要求，並沒有在實質上達到效果。[25] 澳門還存在著制度建設乏力、制度建設空白、制度建設滯後、制度建設不當等問題。[26]

四、「一國兩制」的三個不變

（一）維護國家主權的宗旨不能變

我國在香港和澳門設立特別行政區實行「一國兩制」的目的首先是為了維護國家的統一和領土完整。鄧小平在談到中國大陸和台灣和平統一的設想時就指出，「問題的核心是祖國的統一」，並指出特別行政區「可以有其他省市自治區所沒有而為

---

25 有關澳門法律本地化與法律改革，可參見《澳門法律改革與法制建設研討會文集》，澳門科技大學法學院，2016 年 3 月 19-20 日，《澳門回歸十七年來法制建設的回顧與展望研討會論文集》，澳門法律工作聯合會，2017 年 1 月，等等。

26 王禹：《澳門特別行政區治理體系若干問題的思考》，澳門基本法推廣協會學術研討會論文，2014 年。

自己所獨有的某些權力，條件是不能損害統一的國家利益」。[27]

　　維護國家統一和領土完整，包含著以下幾個含義：第一，主權獨立，即國家獨立自主處理對內對外事務不受任何外部勢力的干涉；第二，領土完整，即國家對其領域內的所有領土、領海和領空享有排他性的管轄權；第三，權力統一，即在我國境內，只有一個合法的中央政府，統一行使對國家的管治權力。[28] 1997 年、1999 年以前，維護國家統一和領土完整的原則，是指收回被外國佔領的香港和澳門，而在香港和澳門順利回歸以後，維護國家的統一和領土完整原則，就意味著要維護國家主權的統一行使，維護國家的安全和發展利益，以及維護特別行政區制度在國家管理體制中的統一運作及中央在特別行政區的憲制權威。

（二）維護香港與澳門長期繁榮穩定的目標不能變

　　鄧小平就曾指出，香港繼續保持繁榮，在根本上取決於中

27　鄧小平：《中國大陸和台灣和平統一的設想》，在會見美國新澤西州西北大學教授楊力宇時談話的要點（1983 年 6 月 26 日），見《鄧小平論「一國兩制」》，三聯書店（香港）有限公司，2004 年，第 5 頁。

28　我國憲法規定公民有維護國家統一和領土完整的義務，有關國家統一的內涵，可參考蔡定劍：《憲法精解》，法律出版社，2006 年，第 287 頁。

國政府在收回香港以後對香港採取合適的政策。[29] 保持香港和澳門的繁榮穩定，不僅對香港和澳門很重要，而且對內地也很重要，是中國的利益所在。[30]

1997 年和 1999 年以後，正如廖承志在「一國兩制」提出初期時就指出，「只要對香港繁榮有益的事，我們一定會去做。我們一定會積極支持收回之後繁榮香港的各項工作」。[31] 因此，不能簡單地將「一國兩制」理解為是在冷戰背景下某種短暫的「具有綏靖、妥協性質的制度諒解」。[32] 在「一國兩制」下，就不能再繼續持有社會主義與資本主義「必須拚個你死我活」的冷戰思維，而應當正確理解和處理在一個國家內實行社會主義與

---

29 鄧小平：《我們對香港問題的基本立場》，1982 年 9 月 24 日會見英國首相撒切爾夫人時的談話，見《鄧小平論「一國兩制」》，2004 年，第 1-4 頁。

30 「保持香港繁榮是我們的基本國策」，「維護香港繁榮穩定是中英雙方的共同利益」，「香港的繁榮穩定，不僅對香港很重要，對內地也很重要」，「內地越是穩定繁榮，就越能促進香港發展；反過來說，內地也可以發揮香港的視窗作用。我們應該看到這一點」，見江澤民：《保持香港穩定繁榮是我們的基本國策》，1990 年 3 月 20 日會見新加波國會議員、總理政治秘書吳博韜時談話的要點，及《我們對香港前途充滿信心》，1994 年 7 月 7 日會見香港「一國兩制」經濟研究中心理事訪京團時談話的要點，見《「一國兩制」系列資料》第一輯，中央人民政府駐香港特別行政區聯絡辦公室編，2007 年，第 82-83 頁。

31 廖承志：《港人治港 繁榮香港》，1982 年 11 月 20 日會見香港廠商聯合會參觀訪問團談話。

32 常樂：《新時代「一國兩制」理論與實踐》，中華書局（香港）有限公司，2018 年，第 37 頁。

資本主義的關係。[33] 我國國家主體實行社會主義，與港澳地區實行資本主義，都是基於我國國情和港澳實際的歷史選擇，都是建立在實現國家現代化和民族復興的共同目標和基礎上。[34] 只有正確處理社會主義與資本主義的關係，[35] 才能在「一國」框架下維持兩種不同政治體制和政治文化，「走出一條兼顧國家主權原則和高度自治原則的中庸之道」，[36] 才能更好地做到堅持「一國」原則與尊重「兩制」差異，為港澳地區的長期繁榮穩定提供更堅實的政治基礎和法律保障。

（三）實行「一國兩制」、「港人治港」和「澳人治澳」、高度自治的承諾不能變

中國政府在《中英聯合聲明》和《中葡聯合聲明》裏宣佈在香港和澳門建立特別行政區，實行「一國兩制」、「港人治

33　吳邦國：《在澳門社會各界紀念澳門基本法頒佈二十周年啟動大會上的講話》，2013 年 2 月 21 日。

34　吳邦國：《在澳門社會各界紀念澳門基本法頒佈二十周年啟動大會上的講話》，2013 年 2 月 21 日；李飛：《深入貫徹實施基本法 開創澳門發展新局面》，在澳門基本法推廣協會舉辦的基本法講座上的講話，2012 年 12 月 18 日。

35　中國當代近四十年的改革開放史，就是正確處理本國範圍和世界範圍的社會主義與資本主義的關係的歷史。常樂：《新時代「一國兩制」理論與實踐》，中華書局（香港）有限公司，2018 年，第 53 頁。

36　陳弘毅：《基本法與「一國兩制」實施的回顧與反思》，載《深圳大學學報》（人文社會科學版）2017 年第 1 期。

港」、「澳人治澳」、高度自治的承諾具有國際法效力。[37]《中英聯合聲明》和《中葡聯合聲明》都明確指出，關於中華人民共和國對香港、澳門的基本方針政策和聯合聲明附件一對上述基本方針政策的具體說明，中華人民共和國全國人民代表大會將以中華人民共和國香港特別行政區基本法、中華人民共和國澳門特別行政區基本法規定之，並在五十年內不變。

香港基本法、澳門基本法的修改權屬於我國最高國家權力機關全國人民代表大會。為使中國政府在聯合聲明裏的承諾具有國內法意義，還必須在法律上對全國人大對基本法的修改作出限制。這個限制已經由香港基本法第一百五十八條和澳門基本法第一百四十四條明確作出：本法的任何修改，均不得同中華人民共和國對香港、澳門既定的基本方針政策相抵觸。那麼，什麼是這裏所說的對香港和澳門既定的基本方針政策呢？這就是兩部基本法序言所規定的：國家對香港和澳門的基本方針政策，已由中國政府在《中英聯合聲明》和《中葡聯合聲明》中予以闡明。這就與中國政府在兩個聯合聲明裏的承諾銜接起來。

---

37 可參考柳華文：《論作為條約的聯合聲明》，載《法學雜誌》1997 年第 6 期；伍俐斌：《從條約必須信守原則分析〈中英聯合聲明〉的履行》，載《南京大學法律評論》2017 年春季卷，等等。

有一種意見擔心五十年以後變與不變的問題。[38] 鄧小平曾多次指出，「香港在 1997 年回到祖國以後五十年政策不變，包括我們寫的基本法，至少要管五十年」，「聯合聲明確定的內容肯定是不會變的」，「講信義是我們民族的傳統，不是我們這一代才有的。這也體現出我們古老大國的風度，泱泱大國嘛」，並還指出，「五十年以後更沒有變的必要」，「前五十年是不能變，五十年之後是不需要變」，「五十年只是一個形象的講法，五十年後也不會變」。[39]

---

38 可參看李國能在香港《明報》於 2015 年 9 月 25 日發表的文章；林峰：《2047 年的香港：「一國兩制」還是「一國一制」》，載《深圳大學學報》（人文社會科學版），2017 年第 1 期；閻小駿：《香港治與亂：2047 的政治想像》，人民出版社，2016 年；趙國強：《論「一國」的永定性與「兩制」的可選擇性》，載《「一國兩制」研究》2017 年第 1 期；郭永虎、閻立光：《1997-2017 香港「一國兩制」問題研究回顧與前瞻》，載《深圳大學學報》（人文社會科學版）2017 年第 4 期，等等。

39 《鄧小平論香港問題》（專題摘編），國務院港澳事務辦公室港澳研究所資料室編，2006 年 10 月，第 34、35、37、40 頁和第 42 頁。

第三章

「一國兩制」下中央對特別行政區的全面管治權

一、全面管治權的概念辨析

2014 年 6 月國務院新聞辦公室發佈的《「一國兩制」在香港特別行政區的實踐》白皮書提出了「全面管治權」的概念及「中央對香港特別行政區擁有全面管治權」的論述，在港澳社會引起了不同的解讀和反響。白皮書在三個地方使用了「全面管治權」的概念，其主要內容可以概括為：（1）中央對包括香港特別行政區在內的所有地方行政區域擁有全面管治權；（2）中央擁有對香港特別行政區的全面管治權，既包括中央直接行使的權力，也包括授權香港特別行政區依法實行高度自治；（3）對於香港特別行政區的高度自治權，中央具有監督權力。[1]

1　這三處分別出現在：（1）白皮書第二部分「特別行政區制度在香港的確立」首段，「憲法和香港基本法規定的特別行政區制度是國家對某些區域採取的特殊管理制度。在這一制度下，中央擁有對香港特別行政區的全面管治權，既包括中央直接行使的權力，也包括授權香港特別行政區依法實行高度自治。對於香港特別行政區的高度自治權，中央具有監督權力」；（2）第二部分第一小節「中央依法直接行使管治權」第一段，「中央依法履行憲法和香港基本法賦予的全面管治權和憲制責任，有效管治香港特別行政區」；（3）第五部分「全面準確理解和貫徹『一國兩制』方針」第一小節「全面準確地把握『一國兩制』的含義」第一段：「中華人民共和國是單一制國家，中央政府對包括香港特別行政區在內的所有地方行政區域擁有全面管治權。香港特別行政區的高度自治權不是固有的，其唯一來源是中央授權。香港特別行政區享有的高度自治權不是完全自治，也不是分權，而是中央授予的地方事務管理權。高度自治權的限度在於中央授予多少權力，香港特別行政區就享有多少權力，不存在剩餘權力」。在《「一國兩制」在香港特別行政區的

「一國兩制」的變與不變

我國法學理論中以前沒有「全面管治權」的提法和概念。這是一個新的法理概念，從理論上對這一概念進行探討，就顯得尤為重要。[2] 而這首先就要釐清管治權與主權及其他類似概念的區別。

法國的讓·博丹最早提出了主權概念，他將主權定義為「凌駕於公民和臣民之上的共同體（commonwealth）所有的最高和絕對的權力」。[3] 1648 年的《威斯特伐利亞和約》（*The Peace Treaty of Westphalia*）以主權概念為基礎，重新劃分了歐洲各國的邊界，創立了以國際會議解決國際爭端的先例，從而使得主權成為當代國際法體系的基石。「主權」作為一個中文的法律概念，在丁韙良於 1864 年所翻譯的《萬國公法》就可見到。[4] 我國民國初期的學者，在列舉國家要素時，不全用「主權」一詞：用主權一詞者，如王世傑《比較憲法》；有用「統治權」一詞者，如鍾賡言《朝陽憲法講義》；也有用「權力」一語者，亦有用「國

實踐》白皮書英文本中，全面管治權被翻譯成 overall jurisdiction 及 comprehensive jurisdiction。

2　2010 年 9 月 13 日，喬曉陽先生在給「香港特區政府常任秘書長研修及訪問團」所作的講座《中央對香港具有的憲制權力及其實踐》，將中央對香港的憲制權力分為十個方面，其中第一個方面就是「中央對香港具有全面的管治權」。

3　見〔法〕讓·博丹：《主權論》，〔美〕朱利安·H. 佛蘭克林編，李衛海、錢俊文譯，邱曉磊校，北京大學出版社，2008 年，第 26 頁。

4　〔美〕惠頓：《萬國公法》，〔美〕丁韙良譯，何勤華點校，中國政法大學出版社，2003 年，第 27-28 頁。

權」一詞者。[5] 後來才逐漸統一使用「主權」。我國自 1911 年辛亥革命後在國家正式頒佈的憲法或宪制性文件裏出現了主權、統治權、國權、政權與治權等不同的概念。

（一）主權

《中華民國臨時約法》第二條規定，「中華民國之主權，屬於國民全體」。1914 年《中華民國約法》第二條則規定，「中華民國之主權，本於國民全體」。其後 1923 年《中華民國憲法》、1931 年《中華民國訓政時期約法》、1946 年《中華民國憲法》都採用了與臨時約法同樣的表述。1949 年中華人民共和國成立後，則採用了「一切權力屬於人民」的表述。如 1982 年憲法第二條規定，「中華人民共和國的一切權力屬於人民。」

（二）國權

1923 年《中華民國憲法》專設第五章「國權」，並在第二十二條規定，「中華民國之國權，屬於國家事項，依本憲法之規定行使之，屬於地方事項，依本憲法及各省自治法之規定行使之」。這裏的「國權」，應該是指包括中央和地方在內的國家

5　張知本：《憲法論》，上海法學編譯社出版，1933 年 4 月，第 6 頁。

本身的統治權力。

（三）統治權

清末《欽定憲法大綱》規定「大清皇帝統治大清帝國」，《中華民國臨時約法》第二條規定「中華民國以參議院、臨時大總統、國務員、法院行使其統治權」，1914 年《中華民國約法》第十四條規定「大總統為國之元首，總攬統治權」。[6]

（四）政權與治權

孫中山提出了政權和治權劃分理論。政權是指人民管理政府的權力，包括選舉、罷免、創制和複決四種，治權是指政府管理社會的權力，包括立法、行政、司法、考試和監察五種權力。1928 年《訓政綱領》、1931 年《中華民國訓政時期約法》

---

[6] 關於統治權與主權的異同，可參見朝陽大學法律科《比較憲法》講義，1923 年，第 82-86 頁；程樹德：《憲法歷史及比較研究》，商務印書館，2012 年，第 99-101 頁；張知本：《憲法論》，上海法學編譯社出版，1933 年 4 月，第 6-7 頁。1931 年《中華民國訓政時期約法》還有中央統治權的提法：「訓政時期由中國國民黨全國代表大會代表國民大會行使中央統治權。」見該約法第三十條。

和 1947 年《中華民國憲法》都採用了這種劃分理論。[7]

（五）主權和治權

中英在談判解決香港問題的過程中，英國提出了「主權換治權」的理論，即承認中國對香港地區的名義主權，而英國則繼續保有管治香港的實際權力。[8] 中國認為，主權和治權是不能分割的，對此予以拒絕。中國拒絕英國提出的方案，其立足點在於主權和治權是統一的，有主權必有治權，「主權、治權分開，講不通」。[9] 主權和治權不能分割，這是我們認識主權和治權兩者關係的一個基本前提。

（六）管制權

我國海洋法和《聯合國海洋法公約》中有「管制權」的概念。《聯合國海洋法公約》將沿海國領海以外鄰接領海的一帶海

---

7 可參見 1928 年《訓政綱領》第三、四條，1931 年《中華民國訓政時期約法》第三十一、三十二條、1947 年《中華民國憲法》第二十五條及第五、六、七、八、九章等。

8 高望來：《大國談判謀略 —— 中英香港談判內幕》，時事出版社，2012 年，第51 頁。

9 廖承志：《我們一定要收回香港》（1983 年 1 月 12 日），見《廖承志文集》（下），三聯書店（香港）有限公司，1990 年。

域稱為毗連區，並承認沿海國對毗連區內某些事項實行必要的管制。我國《領海及毗連區法》第一條規定，「為行使中華人民共和國對領海的主權和對毗連區的管制權，維護國家安全和海洋權益，制定本法」。毗連區是為了保護國家某些利益而設置的特殊區域，本身不屬於該國的領海，沿海國在此區域僅對某些特定事項實行必要的管制，包括：（1）防止在其領土或領海內違犯其海關、財政、移民或衛生的法律和規章；（2）懲治在其領土內違犯上述法律和規章的行為。[10]

在談判香港問題過程中，英國提出的與主權相並列的「治權」，這大致相當於我們這裏所說的「管治權」。然而，什麼是白皮書裏所指的「管治權」，在學理上還缺乏一個明確的定義。類似的概念有《中華民國臨時約法》和《欽定憲法大綱》裏的「統治權」和我國海洋法裏規定的「管制權」。然而，統治權本身帶有強烈的政治色彩，難以作為一個嚴謹的法律概念。管制權則有控制的意思，缺乏治理的內涵。而且，沿海國對毗連區的管制權不同於其對領海的主權，領海是國家領土的組成部分，受國家主權的支配和管轄，而沿海國對毗連區本身沒有主權。

管治權毫無疑問是基於主權產生的。管治權就是一個國家基於主權而對其所屬領土行使管轄和治理的權力。主權要求國

---

10 王鐵崖主編：《國際法》，法律出版社，1995 年，第 270-271 頁。

家對其國內所有地方和所有事務都有一種絕對和最高的權力，即管轄的權力。管轄本義是管理、統轄的意思。只有主權國對其國土內所有的事務有管轄權，才談得上對這些社會事務的治理權。這種治理權本身還包含著治理模式的選擇。主權的最高性決定了國家有權自行決定內外政策，「有權自由選擇並發展其政治、社會、經濟及文化制度」，[11] 採取它認為合適的和必要的措施來保護自身的利益並實現既定的管理目標。管轄和治理既有聯繫，也有區別。管轄側重於法律意義，是指國家統治權力所及的對象和範圍，治理是指國家統治權力的運用方式，是對單純管轄的政治昇華。管治就是管轄和治理的結合，管治權就是管轄權和治理權的統一。

中央擁有特別行政區的管治權，是基於我國對香港、澳門恢復行使主權而產生的。恢復行使主權，就是恢復行使我國作為主權國家所應當行使的權力，即恢復對香港和澳門進行管轄和治理的權力，即管治權。並且，我國是在單一制的國家結構形式下對香港與澳門恢復行使主權。單一制的特徵是該國只有一個單一主權，中央代表國家壟斷行使主權，即「從嚴格的法律意義上來說，所有權力都是屬於中央政府的」。[12] 只是中央

---

11 《國際法原則宣言》（1970 年）。

12 〔英〕大衛·M. 沃克（David M. Walker）：《牛津法律大辭典》（*The Oxford Companion to Law*），李雙元等譯，法律出版社，2003 年，第 1133 頁。

為了管治地方的方便，在全國範圍內劃分行政區域，把權力授予地方，在這種國家結構形式下，中央對地方具有全面的管治權力。

我國憲法規定全國人大常委會有權撤銷省、自治區、直轄市國家權力機關制定的同憲法、法律和行政法規相抵觸的地方性法規和決議，縣級以上的地方各級人民代表大會常務委員會有權撤銷下一級人民代表大會的不適當的決議。國務院「統一領導全國地方各級國家行政機關的工作，規定中央和省、自治區、直轄市的國家行政機關的職權的具體劃分」，「地方各級人民政府對上一級國家行政機關負責並報告工作，全國地方各級人民政府都是國務院統一領導下的國家行政機關，都服從國務院」，就是這種全面管治權的典型法律表達。[13]

然而，如果在聯邦制國家，聯邦與屬邦（州、共和國、邦、省等）的權力由憲法明確予以劃分，聯邦的權力甚至是屬邦讓渡其部分主權而形成的，屬邦未讓渡出來的剩餘權力歸屬邦所有和行使。在這種國家結構形式下，就談不上聯邦對屬邦的全面管治權：屬邦內部的事務由屬邦自行進行管轄和治理。如瑞士聯邦憲法規定：「各州在聯邦憲法的限度內享有主權。凡

---

13 見中國 1982 年憲法第六十七條第（八）項、八十九條第（四）項、一百零四條、一百一十條等。

未委交給聯邦政府的權力，概由各州行使。」[14] 美國憲法規定，「本憲法未授予合眾國也未禁止各州行使的權力，分別由各州或人民保留」。[15] 因此，全面管治權是對單一制國家結構形式下中央對地方權力關係的表述。白皮書就明確寫道：「中華人民共和國是單一制國家，中央政府對包括香港特別行政區在內的所有地方行政區域擁有全面管治權。」

我們以往通常用「主權 — 授權」模式來說明特別行政區高度自治權的形成過程。[16] 然而，我們通常所使用的「主權」概念有著多種不同的內涵，其中一層含義是指國際法上的一種身份或資格。在國內政治上，君主立憲制使得主權的名義擁有和實際行使發生背離，如在英國，在名義上和法律上，女王是主權擁有者，但「統而不治」，「臨朝不臨政」，最高權力由議會行使，稱為議會主權。因此，主權有可能被理解為僅是一種名義上的權力，從「主權」到「高度自治」，難以徹底清晰地說明主權是怎樣授權而形成特別行政區高度自治的。而經由「全面管治權」可以說明：正因為中央是在單一制下對香港與澳門恢復行使主權，中央即擁有了對於港澳地區的全面管治權，中央從而可以把部分

---

14 《瑞士聯邦憲法》第三條。

15 《美國憲法修正案》第十條。

16 鄒平學、潘亞鵬：《港澳特區終審權的憲法學思考》，載《「一國兩制」與憲政發展》（慶祝澳門特別行政區成立十周年研討會論文集），澳門理工學院一國兩制研究中心，2009 年。

管治權授權給特別行政區行使，形成特別行政區的高度自治，同時，另一部分管治權保留在自己手上，形成中央自己直接行使的權力。這就形成一個完整的證明鏈條，在「恢復行使主權」、「在單一制下恢復行使主權」、「全面管治權」、「授權」與「高度自治權」之間架起了更清晰的邏輯遞進關係。

二、中央對特別行政區全面管治權的制度內涵

「全面管治權」的概念，可以表述為我國在單一制國家結構形式下中央對所有地方的所有事務進行管轄和治理的權力。中央對香港和澳門的全面管治權，是指中央基於對香港和澳門恢復行使主權而產生的對特別行政區進行管轄和治理的權力。其制度內涵包括：

第一，特別行政區制度是我國對香港和澳門行使全面管治權的制度載體。

白皮書指出，特別行政區制度是我國憲法和基本法規定的國家對某些區域採取的特殊管理制度。我國憲法第三十一條規定，「國家在必要時得設立特別行政區。在特別行政區內實行的制度按照具體情況由全國人民代表大會以法律規定」。澳門基本法序言第三段規定，「根據中華人民共和國憲法，全國人民代表大會特制定中華人民共和國澳門特別行政區基本法，規定澳

門特別行政區實行的制度，以保障國家對澳門的基本方針政策的實施」。特別行政區制度是在我國單一制國家結構形式下設立的，其本身就是「國家管理制度的一個組成部分，它既有自己的特殊性，又要符合國家管理中具有普遍性意義的原則」。[17] 其特殊性就是對特別行政區實行不同於普通地方的管理方式，這種特殊性本身就是我國單一制國家結構形式下運作的，符合單一制的普遍原則。

我國歷史上曾出現過不同的特別行政區劃存在，如秦漢時期的屬國和道，唐宋時期的羈縻制度，明清時期的土司制度。[18] 這種特別行政區劃制度是整個國家結構形式裏的一種例外和補充，有深刻的政治淵源和歷史淵源。為了解決歷史上遺留下來的領土問題，我國承諾在對香港和澳門恢復行使主權時，設立香港和澳門兩個特別行政區，採用不同於內地的管治制度和管治方式。這種特殊的管治制度和管治方式就是指中央在保留和行使必要的具體權力後，授權特別行政區實行「港人治港」、「澳人治澳」、高度自治，保持原有的資本主義制度和生活方式五十年不變。這種特殊的管治制度和管治方式本身就是在整個國家管理制度下運作的，特別行政區制度是我國對香港

---

17 喬曉陽：《深入學習研討基本法，努力提高公務員素質 —— 在「澳門基本法高級研討班」結業典禮上的講話》，載《「一國兩制」研究》2010 年第 6 期。

18 可參考孫關龍、孫華：《關於中國古代兩種地方政制的初步研究》，載《「一國兩制」研究》2001 年第 9 期。

和澳門恢復行使全面管治權的制度載體。

第二，中央的全面管治權，包括中央直接行使的權力和授權特別行政區行使高度自治權。

在單一制國家，地方權力是中央授予的，對於中央來說，授予地方權力有兩種方式：一種是授予地方一般的權力，一種是授予地方不同於普通地方的特別權力。我國憲法在關於中央和地方的關係上，主要有三種關係：一種是中央和省、直轄市的關係，一種是中央和民族自治區的關係，一種是中央和特別行政區的關係。無論是普通的省和直轄市，還是民族自治區，還是特別行政區，其權力都是中央授予的，中央對這些地方都具有全面管治權。然而，中央對這些地方授予的權力內容和權力範圍是不同的。其中授予給特別行政區的權力內容最廣，程度最高，不僅超過了省和直轄市的權力，也超過民族自治區的權力，甚至也超越了聯邦制下屬邦的一般性權力，所以稱為高度自治。[19]

根據白皮書的總結和歸納，中央在特別行政區直接行使的具體權力有：（1）組建特別行政區政權機關，如在當地通過選舉或協商基礎上任命行政長官，以及在行政長官提名的基礎上任命政府主要官員；（2）支持指導行政長官和特別行政區政府依法施政，如聽取行政長官每年一度的述職報告，就基本法規

---

19 蕭蔚雲：《論香港基本法》，北京大學出版社，2003 年，第 569-570 頁。

定的事務向行政長官發出指令；（3）負責管理與特別行政區有關的外交事務；（4）負責管理特別行政區防務；（5）行使憲法和基本法賦予全國人大常委會的有關職權，如接受特別行政區立法會制定的法律備案並有權發回使其立即失效，增減基本法附件三的全國性法律，對特別行政區作出新的授權，解釋基本法，對政制發展問題作出決定，批准附件一行政長官產生辦法修正案，對附件二立法會產生辦法修正案予以備案，接受終審法院院長和法官任命或免職的備案，[20] 等等。中央除了直接行使以上具體權力外，還把其他管治權力授權給特別行政區行使，形成特別行政區高度自治，使其享有行政管理權、立法權、獨立的司法權和終審權。沒有授出的權力則繼續保留在中央，中央也可以再授予特別行政區以新的權力。

第三，中央的全面管治權，還包括中央對高度自治權進行監督的權力。

中央對特別行政區的高度自治權有監督權，這是授權理論本身決定的。授權是指權力行使的轉移，而非權力本身的轉移。授權者不可能授出自己全部的權力，為了保證自己是授權的主體地位，授權者就必須保留部分必要的權力。這些必要的權力其中就包含著變更、收回和取消授權的權力，以及建立在

---

20 澳門基本法第八十七、八十八條。香港則是接受香港終審法院法官和高等法院首席法官任命或免職的備案，見香港基本法第九十條。

此基礎上對被授權者進行監督的權力。

香港基本法和澳門基本法是全國人大根據我國憲法制定的，全國人大本身就有監督憲法實施的職責，全國人大常委會本身就有解釋憲法、監督憲法實施，以及解釋法律的職責。[21] 全國人大和全國人大常委會本身就有監督基本法在憲法架構下正確實施的職責和職權。香港基本法和澳門基本法都明確規定行政長官負責執行基本法，並向中央人民政府負責。行政長官向中央人民政府負責，就包含著行政長官就基本法在特別行政區的落實和執行情況向中央人民政府負責。

中央有權對高度自治權的運作進行監督，兩部基本法本身就有多處規定和深刻體現。如在立法方面，特別行政區立法會制定的法律須報全國人大常委會備案，全國人大常委會若認為該法律不符合基本法關於中央管理的事務及中央和特別行政區關係的條款，可將有關法律發回，使其立即失效；在司法方面，全國人大常委會的解釋高於特別行政區法院對基本法的解釋，特別行政區法院在審理案件時需要對基本法關於中央人民政府管理的事務或中央和特別行政區關係的條款進行解釋，而該條款的解釋又影響到案件的判決，在對該案件作出不可上訴的終局判決前，應由終審法院提請全國人大常委會對有關條款作出解釋，等等。

21　中華人民共和國憲法（1982 年）第六十二條第（二）項和第六十七條第（一）項。

三、全面管治權與高度自治權的關係

既然全面管治權的概念在理論上可以成立，那麼，還必須追問一個問題：即全面管治權和高度自治權是否自相矛盾？有一種意見認為，《「一國兩制」在香港特別行政區的實踐》白皮書提出「全面管治權」就意味著中央要全面接管香港特別行政區，特別行政區的高度自治將不復存在。

這種理解是不對的。「全面管治權」是對中央對特別行政區所擁有的所有權力的一種總體性概括。這種權力是基於我國單一制國家結構形式而形成的，是對中央權力在憲法上的概括表達，正如高度自治權是對特別行政區所行使的行政管理權、立法權、獨立的司法權和終審權的一種總體性概括一樣。全面管治權與特別行政區的高度自治權不僅不矛盾，反而恰恰說明特別行政區高度自治權來源於中央的全面管治權。兩者相輔相成，共同構成特別行政區治理體系的整體。

第一，全面管治權與高度自治權是密切聯繫在一起的。香港基本法和澳門基本法的許多條文都體現出這個特點：

（1）在涉及國防與外交等事務方面，兩部基本法第十四條第一款在規定中央人民政府負責管理特別行政區防務時，第二款接著規定特別行政區政府負責維持社會治安。這是因為防務可以分為外部防務和內部防務，而內部防務就是社會治安的維

　　　　　　　　　　　　「一國兩制」的變與不變

持問題。[22] 第十三條第一、二款規定中央人民政府負責管理與特別行政區有關的外交事務並在特別行政區設立機構處理外交事務，第三款規定中央人民政府授權特別行政區依照本法自行處理有關的對外事務，等等。這是因為對外事務在本質上與外交事務是不能截然分開的。

（2）中央有些直接行使的權力，與特別行政區的高度自治權是結合在一起的，它們共同構成一個整體制度。如香港基本法第四十五條和澳門基本法第四十七條規定特別行政區行政長官在當地通過選舉或協商產生，由中央人民政府任命。行政長官的產生辦法，是「選舉基礎上的委任制」，[23] 先在當地依照法定程序產生，在此基礎上再報中央人民政府任命，在正常情況下缺乏其中一個環節，行政長官都無法產生。又如全國人大常委會在對兩部基本法附件一第七條和附件二第三條的解釋裏，[24] 確立了通常所說的「政改五步曲」修改程序，即推動行政長官和立法會兩個產生辦法的修改，必須由行政長官向全國人大常委會提出報告（第一步），全國人大常委會確定是否進行修改（第二步），立法會以三分之二通過政府提出的修改方案

22　還可參考陳端洪：《憲治與主權》，法律出版社，2007 年，第 180 頁。

23　許崇德：《香港基本法若干用語解讀》，載《港澳研究》2007 年總第 5 期。

24　全國人大常委會《關於〈中華人民共和國香港特別行政區基本法〉附件一第七條及附件二第三條的解釋》（2004 年 4 月 6 日）及《關於〈中華人民共和國澳門特別行政區基本法〉附件一第七條和附件二第三條的解釋》（2011 年 12 月 31 日）。

（第三步），行政長官同意（第四步），全國人大常委會批准或備案（第五步），在這五個修改步驟中，全國人大常委會的權力和特別行政區的行政長官、政府和立法會的權力交錯行使，互相推動整個修改程序的前行。這充分說明了在此過程中中央直接行使的權力和高度自治權是交錯結合在一起行使的。

（3）在中央授予特別行政區行政管理權、立法權、獨立的司法權和終審權方面，基本法明確規定了中央的有關監督權力。如香港基本法第十七條第一款規定特別行政區享有立法權，第二款和第三款同時規定立法會制定的法律須報全國人大常委會備案，香港基本法第一百五十八條明確規定基本法的解釋權屬於全國人大常委會，同時授權特別行政區法院有權對基本法進行解釋。然而，法院若在審理案件時需要對基本法關於中央人民政府管理的事務或中央和特別行政區關係的條款進行解釋，而該條款的解釋又影響到案件的判決，在對該案件作出不可上訴的終局判決前，應由終審法院請全國人大常委會對有關條款作出解釋。法院在引用該條款時，應以全國人大常委會的解釋為準，等等。

第二，全面管治權與特別行政區的高度自治權的區別在於：特別行政區高度自治權是根據基本法形成的，而中央的全面管治權是先於基本法的權力，是基於主權恢復行使而形成的權力。特別行政區的高度自治權本身就源於全面管治權，全面管治權有對高度自治權依法進行監督的權力。這兩種權力是相

輔相成的，不能將兩者對立起來。特別行政區政治體制之所以不能稱為是一種「三權分立」的政治體制，其核心就在於這裏不止「三權」，這裏還有中央的權力。如兩部基本法規定立法會在兩種情況下有權迫使行政長官辭職：（1）因兩次拒絕簽署立法會通過的法案而解散立法會，重選的立法會仍以全體議員三分之二多數通過所爭議的原案，而行政長官在三十日內拒絕簽署；（2）因立法會拒絕通過財政預算案或關係到香港特別行政區、澳門特別行政區整體利益的法案而解散立法會，重選的立法會仍拒絕通過所爭議的原案。[25] 但是，如果出現這兩種情況而行政長官堅持不辭職的，那怎麼辦？那就需要中央介入，免去行政長官職務。這就是說，特別行政區的行政管理權、立法權、獨立的司法權和終審權，是基於中央授權而來的，而並非本身所固有，是有限而不是完整自足的，而且離開了中央的權力介入，無法達成孟德斯鳩所說的「權力互相制約」。[26] 特別行政區的高度自治權本身就是在中央全面管治權下運作的。

第三，正如特別行政區的某種具體權力必須依照基本法的有關規定進行運作和行使，而不能利用高度自治權的概念對特別行政區的某種權力作無限擴大理解一樣，全面管治權是對中央對特別行政區享有的權力在憲制上的一種抽象表達，具體行

25　澳門基本法第五十四條。香港基本法為第五十二條，措辭略有不同。
26　〔法〕孟德斯鳩：《論法的精神》，申林編譯，北京出版社，2007 年，第 68-72 頁。

使權力時，要落實到某項條文、某個機構、某種職權及某種程序。香港基本法和澳門基本法的許多條文，都有「中央管理的事務」、「中央人民政府管理的事務」、「特別行政區依照本法自行管理的事務」、「不屬於自治範圍內的法律」、「基本法自治範圍內的條款」等表述。如：

（1）「中央管理的事務」：立法會制定的法律須報全國人大常委會備案，全國人大常委會在徵詢基本法委員會意見後，如認為該法律不符合基本法關於中央管理的事務及中央和特別行政區關係的條款，可將有關法律發回，經全國人大常委會發回的法律立即失效；[27]

（2）「中央人民政府管理的事務」：法院在審理案件時需要對基本法關於中央人民政府管理的事務或中央和特別行政區關係的條款進行解釋，而該條款的解釋又影響到案件的判決，在對該案件作出不可上訴的終局判決前，應由終審法院提請全國人大常委會對有關條款作出解釋；[28]

（3）「基本法自治範圍內的條款」：全國人大常委會授權法院在審理案件時對基本法關於特別行政區自治範圍內的條款自行解釋；[29]

---

27 香港基本法第十七條和澳門基本法第十七條。

28 香港基本法第一百五十八條第三款和澳門基本法第一百四十三條第三款。

29 香港基本法第一百五十八條第二款和澳門基本法第一百四十三條第二款。

（4）「特別行政區依照基本法自行管理的事務」：中央人民政府所屬各部門、各省、自治區、直轄市均不得干預特別行政區依照基本法自行管理的事務；[30]

（5）「不屬於自治範圍內的法律」：全國人民代表大會常務委員會在徵詢其所屬的特別行政區基本法委員會和特別行政區政府的意見後，可對列於本法附件三的法律作出增減，列入附件三的法律應限於有關國防、外交和其他依照基本法規定不屬於特別行政區自治範圍的法律。[31]

這裏都有明確的「中央管理的事務」或「中央人民政府管理的事務」的表述。如果基於全面管治權的錯誤理解，認為全面管治權就是全面接管特別行政區的所有事務，將香港基本法第十七條、澳門基本法第十七條和澳門基本法第一百四十三條第三款、香港基本法第一百五十八條第三款所指的「事務」理解為是特別行政區內部所有的事務，那麼，上述條文的設置就會失去意義。香港基本法第十七、一百五十八條及澳門基本法第十七、一百四十三條這些條文也不需要在此「事務」後面再加上「中央和特別行政區關係的條款」。

這些規定說明，基本法對中央直接行使的權力和特別行政區行使的高度自治權有相對明確的規定。對於特別行政區的高

30　香港基本法第二十二條第一款和澳門基本法第二十二條第一款。

31　香港基本法第十八條第三款和澳門基本法第十八條第三款。

度自治權，中央已經通過基本法明確授出。特別行政區對於高度自治範圍內的事務有自行處理的權力，對於這種自行處理的權力，中央基於主權恢復行使而形成的全面管治權有監督的權力。而中央對授出的權力進行監督的權力，有些已經被基本法所明確規定，有些則需要根據「一國兩制」的實踐，運用憲法和基本法的有關規定及其精神，予以探索而進一步建立機制。[32]

四、全面管治權的理論意義和實踐價值

全面管治權概念的提出，不僅有重要的理論創新意義和理論指導意義，更有重要的實踐價值，有助於我們進一步準確理解特別行政區高度自治權是怎樣得到主權授權而形成及正確理解中央和特別行政區的關係，進而推動「一國兩制」在香港特別行政區和澳門特別行政區的順利實施和成功實踐。

第一，全面管治權是對單一制國家憲法理論的創新和發展。我國憲法學理論以往沒有提出全面管治權的概念，憲法學教科書在論述單一制國家中央和地方關係時，通常僅講到地方接受中央的統一領導，地方不能脫離中央而獨立，地方的權力

---

32 有關落實中央全面管治權及完善基本法實施機制的討論，還可參見饒戈平：《完善與基本法實施相配套的制度和機制》，載《紫荊》2017 年 4 月。

來自中央的授權。[33] 這些論述僅從地方角度入手，而沒有運用全面管治權的概念來分析單一主權國家裏中央和地方的關係。必須指出的是，在單一制國家裏，中央才有此種全面管治權，而在聯邦制國家裏，其聯邦對屬邦無此種全面管治權。全面管治權的概念可以作為區別單一制和聯邦制的一個重要特徵。

第二，我國是單一制國家，中央對全國範圍內的所有地方，都有此種全面管治權。即使我國授權香港特別行政區和澳門特別行政區實行高度自治，我國亦對香港特別行政區和澳門特別行政區具有全面管治權。我國對香港特別行政區和澳門特別行政區的全面管治權既包括中央自身直接行使的權力，也包括授權特別行政區實行高度自治。中央對授予特別行政區的高度自治權，還具有監督的權力。全面管治權與高度自治權不僅不矛盾，而且相輔相成，本身就是一個整體。應當從這個角度來理解和探索特別行政區治理體系的完善和鞏固。

第三，全面管治權是對中央權力在總體上的概括表達，本身並不是一項具體的職權。中央對特別行政區擁有全面管治權，並不是說中央可以隨心所欲地行使全面管治權。中央行使全面管治權必須依法進行，必須嚴格按照憲法和基本法的有關

---

33 如魏定仁主編：《憲法學》（全國高等教育自學考試指定教材），法律出版社，1999年，第 3 版，第 132 頁；胡錦光、韓大元主編：《中國憲法發展研究報告》（1982-2002 年），法律出版社，2004 年，第 102 頁；莫紀宏主編：《憲法學》（法律碩士專業學位研究生通用教材），社會科學文獻出版社，2004 年，第 230 頁，等等。

規定及其精神進行。中央對於已經授予特別行政區行使的權力，非經法定的撤銷或變更程序，就不能隨意中止、廢止和干預此項權力的運作。中央對特別行政區高度自治權的監督必須是依法進行。應當進一步促進全面管治權與高度自治權的有機結合。這就要進一步探索特別行政區的治理體系，建立、健全與基本法實施相關的制度建設，尤其需要促進中央有關管治機制的解凍、配套和建設等問題。[34]

---

[34] 可參見王禹：《澳門特別行政區治理體系若干問題的思考》，兩岸四地法治發展青年論壇論文，2014 年 9 月 27 日。

第四章
中央在特別行政區治理體系中的地位

一、國家治理與地方治理

「治理」就其中文的字面而言，是「治國理政」的意思。英文中的治理（governance），源於古拉丁文和古希臘語裏的「掌舵」（steering），原意是指「控制、引導和操縱」的行動或方式，後來引申為「範圍廣泛的組織或活動進行有效的安排」。[1] 從二十世紀九十年代開始，「治理」一詞引起全球學者的廣泛關注，其主要原因在於隨著全球化時代的來臨，人類的政治生活發生重大的變革，其中最引人注目的變化之一便是人類政治過程的重心正在從統治走向治理，從善政（good government）走向善治，從政府的統治走向沒有政府的治理（governance without government），從民族國家的政府統治走向全球治理。[2]

國家治理的內容非常廣泛，既主要包括政府治理又不能完全等同於政府治理，還包括著市場治理和社會治理。現代國家治理體系就是規範社會權力運行和維護公共秩序的一系列制度和程序，其要素包括治理主體、治理機構和治理技術，即由誰

---

1 見趙景來：《關於治理理論若干問題討論綜述》，載《世界經濟與政治》2002 年第 3 期，及〔法〕辛西亞・休伊特・德・阿爾坎塔拉：《「治理」概念的運用與濫用》，載《國際社會科學》（中文版）1998 年 3 月號。

2 俞可平：《論國家治理現代化》，社會科學文獻出版社，2014 年，第 15 頁。

治理、如何治理及治理得怎樣。[3] 國家治理表現出「治理」理論的一般邏輯，同時也延伸出一些在國家範圍內進行治理活動的特殊規律。國家治理的理想狀態，就是「善治」，是指公共利益最大化的治理過程，其本質特徵就是國家與社會處於最佳狀態，是政府與公民對社會公共事務的協同治理，消除國家發展中的各種風險，保持國家的可持續發展。[4]

國家治理主要著眼於國家的主權、安全和發展利益，著眼於全體人民的共同福祉，調動國家整體和國家局部的所有力量和資源，構建全社會的共同價值觀，彙聚各方面的力量和智慧，促進社會的協調發展進步，實現國家的穩定發展和公民權利的有效保障。國家治理可以分為高標準國家治理和低標準國家治理。[5] 國家治理的高標準，是指著力構建系統完備、科學規範、運行有效的制度體系，保證國家長治久安。國家治理的低標準，也就是防範國家危機，制止國家分裂、政權更迭。

國家整體與國家組成部分的關係是國家治理的基礎環節，也是決定國家治理特點的重要因素。聯邦制國家中聯邦與屬邦

---

3 何增科、陳雪蓮主編：《政府治理》，中央編譯出版社，2015 年，第 2 頁，及俞可平：《走向善治》，中國文史出版社，2016 年，第 58 頁。

4 俞可平：《論國家治理現代化》，社會科學文獻出版社，2014 年，第 3 頁；虞崇勝、唐皇鳳：《第五個現代化 —— 國家治理體系和治理能力現代化》，湖北人民出版社，2015，第 3 頁。

5 參見虞崇勝、唐皇鳳：《第五個現代化 —— 國家治理體系和治理能力現代化》，湖北人民出版社，2015，第 4 頁。

的縱向權力關係一般是一種分權協作型的結構，聯邦和屬邦政府的關係是相互依賴、相互合作的關係。在單一制國家，權力在理論上由全國性政府獨佔，地方政府所行使的權力是中央政府所授予並受其監督。我國是單一制國家，目前我國內地的行政區劃實行省級、地級市級、縣級、鄉級四級制。治理活動既包括中央層面的治理，也包括地方層面的治理，兩者共同形成一個上下銜接、互通互動的全國性的整體治理系統。

我國在港澳地區實行「一國兩制」，使得中央和地方的分層治理結構又增加了新的內涵。現代國家治理是一個有機的制度系統，「從中央到地方各個層級，從政府治理到社會治理，各種制度安排作為一個統一的整體，相互協調，密不可分」。[6] 對地方的治理，是整個國家治理的一部分；地方治理體系是國家治理體系的有機組成部分。在單一制國家，中央對地方具有全面管治權，中央對授予地方行使的權力有進行監督的權力和責任。在這樣一種權力配置下，地方治理必須維護國家利益，體現憲法精神，尊重中央的權力，促進國家認同、宣導全社會共同的價值觀。同時，中央與地方也需要相互尊重、相互協商、相互配合，尤其中央對地方的「監督範圍與程度不可太過，也

---

[6] 俞可平：《走向善治》，中國文史出版社，2016 年，第 4 頁。

　　　　　　　　　　「一國兩制」的變與不變

不能不及」。[7]

就香港特別行政區和澳門特別行政區的治理而言，其本質上是一種地方治理，而非國家治理。這種地方治理從屬於整個國家治理並在整個國家治理下運作。「一國兩制」是全國性治理而非局部性治理，是「自上而下的國家性治理而非純粹或獨立的自治式治理」，也是國家參與全球治理的重要制度和平台。[8]香港特別行政區、澳門特別行政區的治理應當立足於本地，著眼於聚合本地各方面力量，既要與國家層面的治理形成有機的聯繫和銜接，又要在「一國兩制」的體制下，解決本地突出問題，形成對國家層面治理的有力配合。憲法和基本法確立的特別行政區制度是香港特別行政區和澳門特別行政區治理的制度框架，「一國兩制」、「港人治港」、「澳人治澳」、高度自治是特別行政區治理的基本原則。維護國家主權、安全和發展利益，保持特別行政區長期繁榮穩定，既是「一國兩制」的出發點和落腳點，也是特別行政區治理追求的總目標。

7　許宗力：《法與國家權力》，元照出版公司，1999 年，第 353 頁。我國在 1949 年後中央與地方關係及其有關爭議機制探討，可參見李明強、賀豔芳：《地方政府治理新論》，武漢大學出版社，2010 年，第 107-109 頁；薛剛凌主編：《中央與地方爭議的法律解決機制研究》，中國法制出版社，2013 年，第 72-85 頁等。

8　常樂：《新時代「一國兩制」理論與實踐》，中華書局（香港）有限公司，2018 年，第 95-97 頁。

二、中央在特別行政區治理體系中的角色

（一）主權的代表者

單一制是指由若干行政區域單位或自治單位組成單一主權國家的結構形式。在單一制國家，只有一個主權，國家整體與國家局部的關係稱為中央和地方的關係，主權既由中央行使，也由中央代表。香港、澳門自古以來就是中國領土，我國不承認歷史上有關香港問題和澳門問題的一系列不平等條約，香港、澳門本身沒有主權。我國在單一制國家結構形式下對香港和澳門恢復行使主權。

中央不僅是主權的代表者，而且還是主權最重要的維護者。國防和外交是兩種典型的主權權力，是維護主權尊嚴的重要途徑。中央人民政府負責管理與香港、澳門特別行政區有關的防務和外交事務。我國政府在香港、澳門恢復行使的主權不只是一種名義上的權力和象徵，而是實實在在的一種絕對的和最高的權力。這就需要一系列具體制度來維護主權的絕對和最高的屬性。

　　　　　　　　　　　「一國兩制」的變與不變

（二）權力的授出者

在單一制國家，所有權力在理論上都是屬於中央的，[9] 地方的權力是由中央授予的。特別行政區高度自治權力在本質上是我國單一制下的地方自治權力，是中央通過授予的。中央和香港特別行政區、澳門特別行政區的關係是授權關係，是一種授權者與被授權者的關係。中央對特別行政區具有全面管治權，正因為中央對特別行政區具有全面管治權，所以才可以授予特別行政區以權力，形成特別行政區的高度自治權。在香港特別行政區和澳門特別行政區治理結構裏，中央不僅是主權的代表者和最重要的維護者，而且還是高度自治權力的授出者。[10]

中央向香港、澳門特別行政區授權的形式有兩種。第一種就是香港基本法第二條和澳門基本法第二條的規定，由全國人民代表大會授權香港特別行政區、澳門特別行政區依照本法的規定實行高度自治，行使行政管理權、立法權、獨立的司法權和終審權。第二種形式就是香港基本法第二十條和澳門基本法第二十條的規定。如澳門基本法第二十條規定，「澳門特別行政區還可以享有全國人民代表大會、全國人民代表大會常務委員

9　《牛津法律大詞典》「單一制」條。

10　張元元：《澳門法治化治理中的角色分析》，澳門理工學院一國兩制研究中心，2009 年，第 98 頁。

會或中央人民政府授予的其他權力」。從「一國兩制」在香港、澳門的實踐來看,第二種形式的授權有國籍申請、原殖民政府的資產和債務的接收、核對和管理,以及深圳灣口岸內設立的港方口岸區的授權管轄、澳門大學橫琴新校區的授權管轄等。

(三)自治的監督者

授權者對被授權者有監督的權力。中央作為特別行政區高度自治權力的授予者,自然有權監督被授出的高度自治權力的行使情況。在單一制國家裏,中央對地方的控制與監督大致有以下幾種方法:法律監督、財政監督、人事任免、司法監督與發出指令、視察地方等等。這些監督與控制的機制由於在香港特別行政區和澳門特別行政區實行「一國兩制」的緣故,其表現出來的形式又有所不同。如聽取行政長官的述職報告,發回立法會法律使其無效,以及特別行政區法院在審理案件過程中必須以全國人大常委會對基本法作出的倘有解釋為準等。[11]

有一種意見認為,根據香港基本法和澳門基本法,中央人民政府並不領導特別行政區政府,中央人民政府也不是特別行

---

[11] 有關中央對特別行政區高度自治權的討論,還可參見夏正林,王勝坤:《中央對香港特別行政區監督權若干問題研究》,載《國家行政學院學報》,2017 年第 3 期。

政區政府的主管部門，而只是直轄與被直轄的關係。[12] 這種意見是不對的。我國憲法明確規定國務院統一領導地方各級行政機關，這裏當然也包括了特別行政區政府在內。因此，這是一種直轄與被直轄、領導與被領導、監督與被監督的關係，只不過具體的領導和監督方式不同於中央人民政府對內地普通地方政府而已。兩部基本法建立起來的行政長官的任免、述職、報告、問責以及執行中央指令等制度，其法律基礎就是中央對香港特別行政區、澳門特別行政區行政管理權享有監督權。[13]

三、中央全面管治權與特區高度自治權有機結合的基礎前提

（一）兩種權力運作的政治前提

中央全面管治權和特別行政區高度自治權都是建立在「一國兩制」的政治前提上。「一國兩制」是我國為解決大陸和台灣和平統一以及在香港、澳門恢復行使主權的問題而提出的基本

12　馬嶺：《特別行政區長官「述職」之探討》，載《比較法在中國》，社會科學文獻出版社，2009 年，第 133-144 頁。

13　董立坤等：《中央管治權與香港特區高度自治權的關係》，法律出版社，2014 年，第 63 頁。

方針，即在中華人民共和國內，在堅持社會主義制度作為整個國家主體制度的前提下，允許台灣、香港、澳門保留原有的資本主義制度。正是基於「一國兩制」的基礎上，中央對香港、澳門恢復行使主權後，除直接行使部分具體權力外，還把大部分直接管治的權力授權給特別行政區，形成特別行政區的高度自治。中央的全面管治權和特區的高度自治權是相輔相成的，共同構成特別行政區的治理體系的整體。無論中央行使全面管治權，還是特區行使高度自治權，都必須圍繞著「一國兩制」這個共同的政治前提而進行。

（二）兩種權力運作的憲制基礎

兩個權力運作的法制基礎都是建立在憲法和基本法共同的憲制基礎上。憲法是我國在特別行政區實行「一國兩制」、「港人治港」、「澳人治澳」、高度自治的根本法律依據。香港基本法和澳門基本法是在特別行政區實行「一國兩制」、「港人治港」、「澳人治澳」、高度自治的具體法律保障。全面管治權並不指中央在特別行政區隨心所欲地行使權力，而是要嚴格按照憲法和基本法規定的職權和法定程序展開。香港基本法和澳門基本法本身是根據中國憲法而制定的。特別行政區的高度自治權在根本上是中國憲法賦予的。無論是中央的全面管治權，還是特別行政區高度自治權，其運作的法律基礎都是建立在憲法

和基本法共同的憲制基礎上的。

（三）兩種權力運作的奮鬥目標

兩種權力運作的奮鬥目標都是實現中華民族偉大復興的中國夢。實現中華民族偉大復興，是中國近代以來無數仁人志士的奮鬥目標，是中華民族近代以來最偉大的夢想。「一國兩制」是中國特色社會主義事業的重要組成部分，是國家的一項基本國策，是實現香港、澳門長期繁榮穩定的必然要求，也是實現中華民族偉大復興中國夢的重要組成部分。「一國兩制」符合國家和民族根本利益，符合香港、澳門整體和長遠利益、符合外來投資者利益。[14] 無論是中央行使全面管治權，還是特區行使高度自治權，都是建立於實現中華民族偉大復興的這個奮鬥目標上的。

---

14 鄧小平：《會見香港特別行政區基本法起草委員會委員時的講話》（1987 年 4 月 16 日）；習近平：《實現中華民族偉大復興是中華民族近代以來最偉大的夢想》（2012 年 11 月 29 日）及《推進澳門「一國兩制」成功實踐走穩走實走遠》（2014 年 12 月 20 日）。

四、中央全面管治權與特區高度自治權有機結合的途徑

（一）全面管治權引領高度自治權的有效行使

1. 中央領導參加特別行政區重大活動和視察特別行政區

中央領導參加特別行政區重大活動和視察特別行政區，既是特別行政區政治生活中的重大事件，也是中央在特別行政區顯示其主權地位和全面管治權的集中體現。以澳門為例，如1999 年 12 月 20 日，時任中共中央總書記、中央軍委主席、國家主席江澤民等國家領導人，專程到澳門參加澳門回歸祖國和澳門特別行政區成立的慶典，江澤民主席在慶典上發表重要講話，國務院總理朱鎔基對行政長官和主要官員的就職宣誓進行監誓。2004、2009 年和 2014 年，時任國家主席胡錦濤和習近平，先後參加澳門特別行政區成立五周年、十周年和十五周年慶典，監誓新一任特別行政區行政長官和新一屆特區政府主要官員宣誓。另外，時任國務院總理溫家寶，時任全國人大常委會委員長吳邦國，時任全國人大常委會委員長張德江和時任國家副主席習近平，分別在澳門發展的重要時刻和遇到如非典疫情這種重大困難的時候，都來過澳門視察。中央領導參加特別行政區重大活動和視察特別行政區，通常會發表重要講話，帶來中央的支持和關懷，提出特別行政區的發展方向，幫助特別

「一國兩制」的變與不變

行政區解決發展中遇到的困難和問題。這是全面管治權引領高度自治權有效行使的重要方式。

2. 聽取行政長官述職並發出指示和要求

香港、澳門的主權在於中央，「只有中央才是真正意義上的執政者」，行政長官代表特別行政區政府整體的態勢，須在憲法、基本法和中央政府的結構下活動，[15] 行政長官須接受中央對其工作的全面問責和監督。[16] 正是基於這種實質性負責的理解，香港、澳門回歸以來，形成了行政長官述職制度。[17] 香港特別行政區、澳門特別行政區行政長官必須每年向國家領導人述職，報告在特別行政區貫徹落實基本法、特別行政區政府施政等情況，聆聽國家領導人對特別行政區工作的指示和要求。中央聽取行政長官述職並對其發出指示和要求，是確保中央對特別行政區行使全面管治權的關鍵所在，也是中央全面管治權引領特區高度自治權有效行使的重要方式。行政長官的述職在本質上是地方向中央、下級向上級彙報工作。

---

15 張龑、葉一舟：《從「executive」一詞看香港行政長官的法律地位》，《港澳研究》2016 年第 3 期。

16 王振民：《「一國兩制」與基本法：二十年的回顧與展望》，江蘇人民出版社，2017 年，第 155 頁。

17 有關述職制度的探討，可參見馬嶺：《特別行政區「述職」之探討》，載《比較法在中國》，社會科學文獻出版社，2003 年，第 133-134 頁。

3. 維護「一國兩制」在特別行政區的正確發展方向

香港、澳門「一國兩制」二十年的實踐表明，「一國兩制」的制定和實施都始終存在著一個主導權問題。單靠香港、澳門自身的力量及「港人治港」、「澳人治澳」、高度自治不足以駕馭全局、把握「一國兩制」的發展航向。中央承擔著實施「一國兩制」的決定者、主導者和第一責任人的角色。[18] 中央在香港特別行政區、澳門特別行政區治理結構中是主權的代表者、權力的授出者、自治的監督者，責無旁貸地肩負著掌控「一國兩制」正確方向的歷史使命。中央按照憲法和基本法代表國家對香港特別行政區、澳門特別行政區行使全面管治權。中央通過解釋基本法等活動及時解決香港特別行政區、澳門特別行政區自身不能解決的問題，提出香港特別行政區、澳門特別行政區戰略性的發展方向，推動香港、澳門提升對外交往空間，以及與內地的合作和交流，維護「一國兩制」在特別行政區的正確發展方向。

---

[18] 饒戈平：《準確實施「一國兩制」全面落實治港權力》，《香港商報》2017年5月30日。

（二）全面管治權支持高度自治權的依法行使

1. 制定支持特別行政區發展的重大措施

2003 年，國家商務部與香港特區政府、澳門特區政府分別簽署《內地與香港關於建立更緊密經貿關係的安排》、《內地與澳門關於建立更緊密經貿關係的安排》。國家第十個國民經濟和社會發展五年計劃開始，香港特別行政區、澳門特別行政區發展被納入其中。中央政府還先後批准實施《珠江三角洲地區改革發展規劃綱要（2008 —— 2020 年）》、《橫琴總體發展規劃》、《廣州南沙新區發展規劃》，批准廣東省人民政府與香港特別行政區政府、澳門特別行政區政府簽署《粵港合作框架協定》和《粵澳合作框架協定》，為拓寬香港、澳門與內地合作領域，促進港澳經濟的持續穩定發展創造了重要條件。2017 年 7 月國家發展和改革委員會、廣東省人民政府、香港特別行政區政府、澳門特別行政區政府共同簽署《深化粵港澳合作推進大灣區建設框架協議》，2019 年 2 月中央發佈《粵港澳大灣區發展規劃綱要》。這些都是中央制定支持香港特別行政區、澳門特別行政區發展的重大措施。

2. 支持特別行政區行政長官和政府依法施政

在港澳複雜的社會局面下，行政長官作為在特別行政區貫

徹落實「一國兩制」和基本法的第一責任人的管治權威，[19] 容易受到一些極端的反對勢力的挑戰和衝擊。行政長官負責執行基本法，肩負著「一國兩制」與基本法正確實施的憲制責任。支持特別行政區行政長官和政府依法施政，既是中央在特別行政區行使全面管治權的主要的「抓手」和「著力點」，也有助於特別行政區高度自治權發揮本身應有功能，有效解決特別行政區內部的住房、民生、福利、經濟發展等各方面的問題，維護社會穩定，實行長治久安。

3. 指導特別行政區與我國其他地區開展各種交流和合作

促進特別行政區與我國內地以及兩個特別行政區間的經濟、教育、科學、文化、體育等領域的交流合作，是中央人民政府在「一國兩制」體系裏的憲制地位決定的。香港、澳門回歸以來，已經與我國內地簽訂多項有關司法協助、經貿合作、教育、智慧財產權合作、避免雙重徵稅、供氣供電、海域保護等多個方面的安排、協議、諒解備忘錄、聯合公告等。澳門特別行政區與香港特別行政區之間簽有司法協助和出入境方面的協議。至於香港特別行政區、澳門特別行政區與我國台灣地區的關係，既不屬於外交事務，也不屬於特別行政區本地事務，而是屬於外交、國防之外的其他不屬於特別行政區自治範圍內

---

19 《「一國兩制」在香港特別行政區的實踐》白皮書，2014 年 6 月 10 日。

的事務，是兩岸關係的組成部分，也是中央與特別行政區關係的特殊組成部分，必須在中央人民政府統一領導、授權或指導下開展交流和合作。[20]

4. 授權或協助特別行政區開展對外交往與合作

香港特別行政區、澳門特別行政區在中央人民政府的授權下有一定的對外事務處理權，可以在一定條件下可以「中國香港」、「中國澳門」的名義參加國際組織和國際會議，自主開展對外經濟文化交流，簽訂和履行有關國際協議。特別行政區的對外事務權，並非其本身所固有的，而是中央人民政府授權形成的。從本質上看，對外事務是國家外交事務的延伸。中央人民政府授權或協助特別行政區開展對外交往與合作，是中央全面管治權支持特區高度自治權依法行使的重要方式。

5. 協助特別行政區救助當地自然災害

中央人民政府負責特別行政區的防務，在香港特別行政區、澳門特別行政區駐有軍隊。駐軍的職責主要在於防備和抵抗侵略，保衛特別行政區的安全、擔負防衛勤務、管理軍事設施、承辦有關的涉外軍事事宜。特別行政區政府在必要的時

---

[20] 可參看《中央人民政府處理「九七」後香港涉台問題的基本原則和政策》（1995 年 6 月 22 日）及《中央人民政府處理「九九」後澳門涉台問題的基本原則和政策》（1999 年 1 月 15 日）。

候，可以向中央人民政府請求駐軍協助維持社會治安和救助災害。2017 年 8 月 23 日，「天鴿」風災造成澳門歷史上少有的人命傷亡及嚴重破壞，8 月 25 日駐澳部隊派出官兵，協助救助「天鴿」帶來的重大災害。

（三）全面管治權監督高度自治權的正確行使

1. 全國人大常委會發回立法會法律使其失效

香港立法會、澳門立法會可以制定除國防、外交和其他不屬於自治範圍內事務的法律。立法會制定的法律須報全國人大常委會備案。全國人大常委會在徵詢其所屬的香港基本法委員會和澳門基本法委員會的意見後，如認為香港特別行政區、澳門特別行政區立法機關制定的任何法律不符合基本法關於中央管理的事務及中央和特別行政區關係的條款，可將有關法律發回，但不作修改。經全國人大常委會發回的法律立即失效。該法律的失效，除特別行政區的法律另有規定外，無溯及力。這裏的備案並非立法會法律通過和生效的必經程序。[21] 然而，備案通常具有「立法監督的性質，可以導致備案機關對備案對象的

21　蕭蔚雲主編：《一國兩制與澳門特別行政區基本法》，北京大學出版社，1993 年，第 97 頁。

主動審查，而不僅僅是備份或存檔」。[22] 全國人大常委會有權發回立法會法律使其立即失效，這是中央全面管治權監督特區高度自治權依法行使的重要機制。[23]

2. 行政長官向中央人民政府負責

行政長官既要向特別行政區負責，又要向中央人民政府負責，這是行政長官的法律地位決定的。中央人民政府對行政長官和政府主要官員的任命權是實質性的。在此基礎上，行政長官向中央人民政府的負責也是實質性的。行政長官向中央人民政府負責的基本內涵就是要求行政長官效忠國家，向國家領導人述職並執行中央人民政府發出的指令，服從中央人民政府的安排與命令，維護憲法與基本法的權威，維護國家在特區的利益。行政長官既是中央在特別行政區行使全面管治權的主要抓手和著力點，也是中央監督特別行政區行使高度自治權正確行使的重要途徑和主要內容。

3. 全國人大常委會解釋基本法

香港基本法、澳門基本法都明確規定基本法的解釋權屬於

---

22 莫紀宏：《憲法、立法法和監督法文本中「備案」一詞的語義分析》，載《憲法研究》（第 10 卷），四川大學出版社，2009 年。

23 關於全國人大常委會對立法會法律的發回權與全國人大常委會對內地地方性法規的撤銷權的異同，可參見王禹：《授權與自治》，濠江法律學社，2008 年，第84-85 頁。

全國人大常委會，同時規定全國人大常委會授權特別行政區法院可以解釋基本法。但如果特別行政區法院在審理案件時需要對基本法關於中央人民政府管理的事務或中央和特別行政區關係的條款進行解釋，而該條款的解釋又影響到案件的判決，則在對該案件作出不可上訴的終局判決前，應由終審法院提請全國人大常委會對有關條款作出解釋。如全國人大常委會作出解釋，特別行政區法院在引用該條款時，應以全國人大常委會的解釋為準，但在此作出的判決不受影響。全國人大常委會在解釋基本法前，徵詢其所屬的香港基本法委員會、澳門基本法委員會的意見。在香港基本法和澳門基本法的實施過程中，還出現了由行政長官向國務院提出報告要求國務院提請全國人大常委會釋法及由委員長會議提請全國人大常委會釋法的先例。全國人大常委會對基本法的解釋是全面和最終的，法院對基本法的解釋必須受制於全國人大常委會對基本法的解釋。這對於特別行政區高度自治權的依法行使，尤其是依法行使獨立的司法權和終審權，構成有力監督。

第五章
全國性法律在特別行政區的實施問題

一、全國性法律的概念辨析

　　全國性法律是香港基本法和澳門基本法特有的法律概念。為了保證特別行政區享有高度自治，「基本法嚴格限制了全國性法律在香港特別行政區的實施」。[1] 目前共有十二部全國性法律列於香港基本法附件三，十一部全國性法律列於澳門基本法附件三。「全國性法律」這個概念是香港基本法起草過程中經過逐步討論而形成的。其核心問題是香港回歸後，實行「一國兩制」方針，原有法律基本保留，全國人大和全國人大常委會制定的民法、刑法、婚姻法等法律就不能在香港實施了，但是由全國人大和全國人大常委會制定的法律是否將來在香港一個也不實施呢？顯然不能這樣理解。有關國家統一和主權的一些法律應適用於香港特別行政區。[2]《中英聯合聲明》本身就有中央人民政府負責管理外交和國防事務，及香港特別行政區使用中華人民共和國國旗、國徽等規定。

　　1987 年 4 月 13 日中央與香港特別行政區的關係專題小組的工作報告提出了兩個方案。方案一規定：全國人大和全國人大常委會制定的法律，凡須在香港特別行政區適用的，均以明

1　Yash Ghai, *Hong Kong's New Constitutional Order*, Hong Kong University Press, 1999, pp. 214-215.

2　可參見蕭蔚雲：《論香港基本法》，北京大學出版社，2003 年，第 335-336 頁。

文規定；在香港特別行政區成立前制定的上述法律，由全國人大常委會以決議予以公佈；上述法律如有不適合香港特別行政區實際情況的，行政長官可以報經全國人大常委會批准、變通執行或停止執行。香港特別行政區的立法機關和行政機關還可根據香港特別行政區的實際情況，為上述法律的實施制定輔助立法或實施細則。方案二規定：全國人大和全國人大常委會制定的法律，凡須在香港特別行政區適用者，統由國務院向行政長官發出指令，按法定程序公佈或立法實施；上述法律如有不適合香港特別行政區實際情況的，行政長官可以報經全國人大常委會或國務院批准，變通執行或停止執行；若行政長官未能按指令行事，全國人大常委會可頒令將上述法律適用於香港特別行政區。

有的委員還認為，除了外交和國防事務外，全國人大不應為香港特別行政區立法，任何方案都不應超出這個範圍，因此建議在第一和第二方案的第一段「制定」和「的法律」之間加上「與外交或國防事務有關」十個字。[3] 在第四次全體會議上，委員們對這個問題提出不少意見。1987 年 8 月 22 日中央和香港特別行政區的關係專題小組提交的工作報告指出，根據「一國兩制」的方針，全國性法律一般不在香港特別行政區實施，

3　《中華人民共和國香港特別行政區基本法起草委員會文件彙編》，全國人大常委會香港基本法委員會辦公室編，中國民主法制出版社，2011 年，第 79-80 頁。

少數必須實施的，也應定出一個明確範圍，嚴格限於有關國防、外交以及體現國家統一和領土完整的法律，而且中央決定在香港特別行政區實施上述法律前，還要徵求香港特別行政區的意見。根據這些考慮，專題小組重新擬出了以下條文：「全國人民代表大會和全國人民代表大會常務委員會制定的法律，除以下（一）、（二）兩項所列者，不在香港特別行政區實施：（一）有關國防、外交的法律；（二）其他有關體現國家統一和領土完整並且按本法規定不屬於香港特別行政區高度自治範圍的法律。本條前款（一）、（二）所列的法律，凡須在香港特別行政區實施的，由國務院指令香港特別行政區政府公佈或立法實施。除緊急情況外，國務院在發佈上述指令前，均事先徵詢香港特別行政區基本法委員會和香港特別行政區政府的意見。香港特別行政區政府如未能遵照國務院的指令行事，國務院可發佈命令將上述法律在香港特別行政區實施。」[4] 香港基本法起草委員會總體工作小組將上述的「除以下（一）、（二）兩項所列者外」改為「除本條第三款規定外」，並將原第三、四款合為一款，改為「全國人民代表大會和全國人民代表大會常務委員會制定的有關國防、外交的法律以及其他有關體現國家統一和領土完整並且按本法規定不屬於香港特別行政區高度自治範

---

[4] 《中華人民共和國香港特別行政區基本法起草委員會文件彙編》，全國人大常委會香港基本法委員會辦公室編，中國民主法制出版社，2011 年，第 160-161 頁。

　　　　　　　　　　　　　　「一國兩制」的變與不變

圍的法律，凡須在香港特別行政區實施的，由國務院指令香港特別行政區政府在當地公佈或立法實施」。[5] 香港基本法草案徵求意見稿公佈後，在第八次全體會議期間，有些人士認為「體現國家統一和領土完整」的法律含意不夠清楚，容易產生解釋上的困難，建議將須在香港特別行政區適用的全國性法律列在一個表內，作為基本法的附件。起草委員會刪去了「體現國家統一和領土完整」的提法，並將截止當時為止應在香港特別行政區適用的七個法律列表作為附件三，對原草擬稿裏的「緊急情況」作出了更明確的規定，改為「全國人民代表大會常務委員會因戰爭或動亂而決定香港特別行政區進入緊急狀態，國務院可發佈命令將有關法律在香港特別行政區實施」。[6] 這樣就形成了基本法現在的寫法。

香港基本法第十八條、澳門基本法第十八條實際上指出了在香港特別行政區、澳門特別行政區實施的兩種全國性法律，一種是列於附件三的全國性法律，一種是在戰爭狀態或緊急狀態下由中央人民政府發佈命令將有關全國性法律在香港、澳門實施。第一種全國性法律，也即列於附件三的全國性法律，是指在平常情況下實施的全國性法律。這種全國性法律只限於有

---

5 《中華人民共和國香港特別行政區基本法起草委員會文件彙編》，全國人大常委會香港基本法委員會辦公室編，中國民主法制出版社，2011 年，第 209-210 頁。

6 《中華人民共和國香港特別行政區基本法起草委員會文件彙編》，全國人大常委會香港基本法委員會辦公室編，中國民主法制出版社，2011 年，第 272 頁。

關國防、外交和其他依照基本法規定不屬於特別行政區自治範圍的法律，而且經全國人大常委會徵詢香港基本法委員會、澳門基本法委員會和特區政府的意見後作出增減，在當地公佈或立法實施。第二種全國性法律是指在非常情況下實施的全國性法律，包括戰爭狀態和緊急狀態兩種情況，由中央人民政府發佈命令將有關全國性法律在香港特別行政區、澳門特別行政區實施。這種全國性法律不需要經過徵詢香港基本法委員會、澳門基本法委員會和特區政府的意見的程序。

那麼，什麼是全國性法律？應當如何定義全國性法律？全國性法律的認定標準是什麼？一種意見認為，「在澳門基本法中規定的全國性法律是指由全國人民代表大會或全國人民代表大會常務委員會制定的法律，即我國最高權力機關或它的常設機關制定的法律，這些法律適用於全國，全國人民都要遵守，所以澳門基本法稱全國性法律」；[7]「全國性法律是指由最高國家權力機關或它的常設機關制定的法律，全國都必須遵守」。[8]

這種意見將全國性法律的概念等同於全國人大或全國人大常委會制定的法律。但是，從香港基本法附件三和澳門基本法附件三來看，其中包括的《關於中華人民共和國國都、紀年、

7　蕭蔚雲：《論澳門基本法》，北京大學出版社，2003 年，第 204 頁。還可以參見其《論香港基本法》，北京大學出版社，2003 年，第 335 頁。

8　蕭蔚雲：《論澳門基本法》，北京大學出版社，2003 年，第 194 頁。

國歌、國旗的決議》、《關於中華人民共和國國慶日的決議》和《中央人民政府公佈中華人民共和國國徽的命令》並不是全國人大或全國人大常委會制定的。[9]《關於中華人民共和國國都、紀年、國歌、國旗的決議》是 1949 年 9 月 27 日第一屆全國政協全體會議通過的，《關於中華人民共和國國慶日的決議》是 1949 年 12 月 2 日中央人民政府委員會通過的，《中央人民政府公佈中華人民共和國國徽的命令》是 1950 年 9 月 20 日中央人民政府委員會通過的，因此，列於附件三的全國性法律並不完全等同於全國人大或全國人大常委會制定的法律。所以，有一種觀點認為，「全國性法律，指由國家有關機關制定的法律、法規，其中主要是全國人民代表大會及其常務委員會制定的法律」。[10] 問題在於這裏所說的國家有關機關包括哪些？從香港基本法附件三和澳門基本法附件三的全國性法律來看，這裏的國家機關包括全國人大和全國人大常委會外，還包括了全國政協第一屆全體會議和中央人民政府委員會。

1949 年的《共同綱領》規定，「在普選的全國人民代表大會召開以前，由中國人民政治協商會議的全體會議執行全國人民代表大會的職權」，因此，1949 年 9 月 27 日由第一屆全國

9　其中的《中華人民共和國政府關於領海的聲明》標題裏沒有標以「法」字，1958年 9 月 4 日由全國人大常委會通過。

10　蕭蔚雲主編：《一國兩制與澳門特別行政區基本法》，北京大學出版社，1993 年，第 101 頁。

政協全體會議通過《關於中華人民共和國國都、紀年、國歌、國旗的決議》應當屬於行使立法權的範疇。1949 年 9 月 27 日通過的《中央人民政府組織法》規定中央人民政府委員會依據共同綱領，有權制定並解釋國家的法律、頒佈法令，因此中央人民政府委員會 1949 年 12 月 2 日通過的《關於中華人民共和國國慶日的決議》和 1950 年 9 月 20 日通過的《中央人民政府公佈中華人民共和國國徽的命令》亦屬於行使立法權的範疇。所以，香港基本法附件三和澳門基本法附件三所列的《關於中華人民共和國國都、紀年、國歌、國旗的決議》、《關於中華人民共和國國慶日的決議》和《中央人民政府公佈中華人民共和國國徽的命令》雖然不是全國人大或全國人大常委會制定的，但是卻屬於行使國家立法權和實質法律的範疇。

確定法律、法規是全國性的或者是地方性的，「並不取決於它規定的內容，而是取決於它制定的機關，取決於它是中央國家機關制定的，還是地方國家機關制定的。如果是中央國家機關制定的，則是屬於全國性法律、法規，如果是地方國家機關制定的，則是地方性的法規」。[11] 香港基本法、澳門基本法雖

---

11 見王叔文：《基本法是體現「一國兩制」方針的全國性法律》，載《法學研究》1990 年第 2 期；王叔文主編：《香港特別行政區基本法導論》，中共中央黨校出版社，1990 年，第 72 頁；王叔文等：《澳門特別行政區基本法導論》，中國人民公安大學出版社，1994 年，第 100-101 頁；蕭蔚雲：《論香港基本法》，北京大學出版社，2003 年，第 591-592 頁。

然規定香港特別行政區和澳門特別行政區實行的制度和政策，但它是全國人大制定的，因而是全國性法律。我國地方組織法和民族區域自治法雖然規定地方各級政權機關和民族自治地方自治機關的組織和職權，在內容上屬於地方性的事務，也仍然是全國性法律。反之，地方性法規由省級人大制定，不屬於全國性法律。香港基本法、澳門基本法將全國性法律分為不列於附件三的全國性法律和列於附件三的全國性法律。值得指出的是，這兩種法律的實際適用效力範圍並不是完全一樣。列於附件三的全國性法律，既在我國內地實施，也在港澳兩地實施，是「真正的全國性」法律，而不列於附件三的全國性法律，只在我國內地實施，如我國的刑法典和民法通則等不實施於香港特別行政區和澳門特別行政區，是一種「實施於全國大部分而在小部分不實施」的全國性法律。這是兩種應當有所區別的全國性法律。

有一種意見將憲法亦列入在特區實施的全國性法律的範疇，儘管香港基本法和澳門基本法第十八條都沒有提到憲法，附件三也沒有將憲法列入。[12] 這種意見意在強調憲法在香港和澳門的法律效力，然而，憲法與列於附件三的全國性法律有本質上的不同。全國性法律必須是全國人大常委會徵詢基本法委

12　王振民：《論全國性法律在特別行政區的實施》，紀念澳門基本法頒佈十四周年及《中葡聯合聲明》簽署二十周年學術研討會論文，2007 年。

員會和特區政府的意見後，必須列入附件三，才能適用於特別行政區。憲法在香港特別行政區、澳門特別行政區的實施和生效，則不需要經過這樣的程序。還有一種意見將全國人大及其常委會作出的有關決定、對有關全國性法律的解釋也列入全國性法律的範疇。[13] 全國人大常委會作出的決定，以及對法律的解釋，其效力與法律本身相同，然而，這些決定與解釋與法律本身在形式上畢竟是不同的法律文件，我國憲法規定法律經全國人大或其常委會通過後，須由國家主席簽署主席令予以公佈，而決定和解釋只是全國人大常委會通過後，由常務委員會發佈公告予以公佈。這就不同於香港基本法第十八條、澳門基本法第十八條所提及的全國性法律。

有一種意見認為，除列於附件三的全國性法律外，中國其他的一切全國性法律、行政法規及地方性法規等，均對香港、澳門無法律約束力。[14] 不能認為除列於附件三的全國性法律外，全國人大、全國人大常委會和國務院就不能在香港、澳門行使權力了。這是因為香港基本法、澳門基本法本身就規定了中央在香港特別行政區、澳門特別行政區行使的有關職權。

---

13 王振民：《論全國性法律在特別行政區的實施》，紀念澳門基本法頒佈十四周年及《中葡聯合聲明》簽署二十周年學術研討會論文，2007 年；宋小莊：《論「一國兩制」下中央和香港特區的關係》，中國人民大學出版社，2003 年，第 154 頁。

14 宋瑞蘭：《九九年後澳門法律體系的結構分析》，載宣炳昭主編：《澳門法律制度研究》，世界圖書出版公司，2000 年。

如澳門基本法第二十條規定全國人大、全國人大常委會或中央
人民政府可授予澳門特別行政區其他權力，第十七條規定全國
人大常委會發回立法會的法律使其無效，第二十一條規定全國
人大確定澳門出席全國人大的代表名額和代表產生辦法，第
一百四十三條規定全國人大常委會解釋基本法，第一百四十四
條規定全國人大修改基本法，等等。有關這些職權的行使及其
作出的決定，就不需要將其列於附件三，即可對香港特別行政
區和澳門特別行政區發生法律效力。

二、全國性法律的地位和效力

全國性法律的地位和效力包括兩個方面：一是與憲法的關
係，二是與基本法的關係。我國憲法已經明確規定憲法具有最
高的法律效力，因此，全國性法律低於憲法是無疑的。問題在
於與基本法的關係。有一種擔心提出，如果這些在特區生效的
全國性法律一旦與基本法發生抵觸，應該怎樣處理？因為基本
法並無這方面的規定。[15] 這實際上就是全國性法律的地位和效力
問題。

---

[15] 趙國強：《試論基本法實施過程中的監督途徑》，載楊允中等主編：《基本法與澳門
發展的保障》，澳門基本法推廣協會，2002 年。

香港基本法第十一條、澳門基本法第十一條規定，根據中華人民共和國憲法第三十一條，香港特別行政區、澳門特別行政區的制度和政策，包括社會、經濟制度，有關保障居民的基本權利和自由的制度，行政管理、立法和司法方面制度，以及有關政策，均以基本法的規定為依據。香港特別行政區、澳門特別行政區的任何法律和規範性文件均不得同基本法相抵觸。因此一種意見認為，基本法是在香港和澳門除中國憲法外的具有最高法律地位的法律，在香港和澳門實施的全國性法律低於香港基本法和澳門基本法。這種意見是不對的。香港基本法和澳門基本法由全國人大制定，而列於附件三的全國性法律大部分由全國人大常委會制定的，但有些法律如《國籍法》是由全國人大制定的。我國憲法第六十二條規定全國人大制定和修改刑事、民事、國家機構的和其他的基本法律，第六十七條規定全國人大常委會制定和修改除應當由全國人民代表大會制定的法律以外的其他法律，在全國人民代表大會閉會期間，對全國人民代表大會制定的法律進行部分補充和修改，但是不得同該法律的基本原則相抵觸，因此通常將全國人大制定的法律稱為基本法律，而全國人大常委會制定的法律稱為非基本法律或基本法律以外的其他法律。基本法律和非基本法律統稱法律，它們之間並無效力等級之分。[16] 這就是說基本法與其他列於附件三

16　可見《中華人民共和國立法法》（2015 年修正）第八十八條。

的全國性法律屬於同一位階，它們之間並無效力等級之分。

　　有一種意見認為，基本法與列於附件三的全國性法律的衝突問題不會發生，因為全國性法律在列於附件三之前，已經徵詢基本法委員會和特區政府的意見，最後由全國人大常委會研究決定，經過這樣一些程序，這些涉及國防、外交等事務的全國性法律裏面如果真有與基本法相抵觸的地方，這些與基本法抵觸的條款一定會被審查出來，不會在特別行政區生效，因而也不會與基本法的實施發生衝突。[17] 這種意見只是針對目前現實的情況而言的，在邏輯上並不能斷絕即使經過審查後的列於附件三的全國性法律依然與基本法發生衝突的可能性。問題在於當這種情況出現時，誰來處理？

　　1999 年 1 月 29 日，香港終審法院在「無證兒童居留權」案裏宣佈自己有權審查全國人大和全國人大常委會的立法行為。[18] 全國人大和全國人大常委會的立法行為當然也包括了制定

17　趙國強：《試論基本法實施過程中的監督途徑》，載楊允中等主編：《基本法與澳門發展的保障》，澳門基本法推廣協會，2002 年。

18　該判決其中指出，「有爭議的問題是：特區法院是否有權審查人大及其常委會的立法行為是否符合基本法，並在發現不符合基本法時宣佈其無效，我們認為，特區法院具有這種管轄權，而且在發現不符合基本法的情況下，的確有義務宣佈其無效。我們必須利用這個機會明白無誤地表達這一點」。判決引起了極大爭議，1999 年 2 月 26 日香港終審法院作出「澄清」的補充性判詞，承認：「我等在判詞中，也沒有質疑全國人大及全國人大常委會依據基本法的條文和基本法所規定的程序行使任何權力。我等亦接受這個權力是不能質疑的。」

列於附件三的全國性法律的行為，這種觀點實際上也包括著法院有權根據基本法審查附件三的全國性法律。這就混淆了中國憲法裏香港基本法、澳門基本法與其列於附件三的全國性法律的位階問題。

我國憲法規定全國人大常委會有權解釋法律，這裏的法律既包括香港基本法和澳門基本法，也包括列於附件三的全國性法律。而且，香港基本法和澳門基本法與全國性法律處於同一位階，因此，當出現列於附件三的全國性法律和基本法發生衝突的時候，就會涉及到對它們的上位法憲法的解釋問題。我國憲法已經明確規定由全國人大常委會解釋憲法，而香港基本法、澳門基本法並沒有授權特別行政區法院可以解釋憲法。因此，即使出現基本法與列於其附件三的全國性法律的衝突問題，只能由全國人大常委會予以處理。當然，全國人大常委會的處理決定有不適當的情形時，全國人大有權撤銷全國人大常委會的不適當決定。香港和澳門內部的政權機關，包括法院，都無權處理基本法與列於附件三的全國性法律可能出現衝突的問題。

三、公佈實施和立法實施

香港基本法、澳門基本法第十八條規定列於附件三的全國

性法律採取兩種辦法實施：一是由特別行政區將列於附件三的全國性法律在香港特別行政區、澳門特別行政區公佈，直接予以實施；第二，由香港特別行政區和澳門特別行政區立法機關制定法律，將列於附件三的全國性法律在本地予以實施。而該條第四款還指出，當宣佈戰爭狀態或進入緊急狀態下，中央人民政府可發佈命令將有關全國性法律在香港特別行政區和澳門特別行政區實施。這種實施通常是指由中央人民政府直接組織實施，而不必經由香港特別行政區、澳門特別行政區在當地公佈或立法實施的程序。

立法實施要求特別行政區制定的本地法律，在立法目的、原則和精神上都不能與全國性法律相抵觸。予以立法實施包括兩種情況：第一種情況是列於附件三的全國性法律裏涉及到一些內地特定的法律概念，需要在本地進行轉化，如《國旗法》第十九條規定，「在公共場合故意以焚燒、毀損、塗劃、玷污、踐踏等方式侮辱中華人民共和國國旗的，依法追究刑事責任；情節較輕的，參照治安管理處罰條例的處罰規定，由公安機關處以十五日以下拘留」。《國徽法》第十三條規定，「在公眾場合故意以焚燒、毀損、塗劃、玷污、踐踏等方式侮辱中華人民共和國國徽的，依法追究刑事責任；情節較輕的，參照治安管理處罰條例的處罰規定，由公安機關處以十五日以下拘留」。這裏涉及到的「公安機關」和「治安管理處罰條例」都是內地的法律概念，而且內地的《治安管理處罰條例》本身就不適用

在香港和澳門，因此需要轉化，通過本地立法予以實施。第二種情況是列於附件三的全國性法律本身提出要求特別行政區進一步跟進立法，落實相關規定。如《澳門駐軍法》第十二條規定，「澳門駐軍和澳門特別行政區政府共同保護澳門特別行政區內的軍事設施。澳門駐軍會同澳門特別行政區政府劃定軍事禁區。軍事禁區的位置、範圍由澳門特別行政區政府宣佈」。這就明確提出澳門應當制定本地立法落實相關條文的要求。

以澳門基本法附件三所列的全國性法律為例，在本地有相關落實和配套的立法實施主要有以下幾種：（1）《關於中華人民共和國國都、紀年、國歌、國旗的決議》、《中華人民共和國國旗法》、《中華人民共和國國徽法》、《中華人民共和國國歌法》：予以落實和配套的澳門本地立法有：第 5/1999 號法律《國旗、國徽及國歌的使用及保護》及第 3/1999 號行政法規《國旗、國徽及區旗、區徽的懸掛及展示》。（2）《中華人民共和國國籍法》：予以落實和配套的澳門本地立法有：第 7/1999 號法律《澳門特別行政區處理居民國籍申請的具體規定》。（3）《中華人民共和國澳門特別行政區駐軍法》：予以落實和配套的澳門本地立法有：第 4/2004 號法律《軍事設施的保護》、第 6/2005 號法律《中國人民解放軍駐澳門部隊協助維持社會治安和救助災害》、第 23/2009 號法律《中國人民解放軍駐澳門部隊因履行防務職責而享有的權利和豁免》、第 27/2004 號行政

「一國兩制」的變與不變

法規《對軍事設施的行政違法行為的處罰制度》等。[19]

四、全國性法律的解釋問題

我國憲法規定全國人大常委會解釋法律，因此，香港基本法和澳門基本法，以及列於其附件三的全國性法律，都由全國人大常委會負責解釋。但是，香港基本法第一百五十八條和澳門基本法第一百四十三條又授權香港法院和澳門法院解釋基本法，但如法院在審理案件時需要對基本法關於中央人民政府管理的事務或中央和特別行政區關係的條款進行解釋，而該條款的解釋又影響到案件的判決，在對該案件作出不可上訴的終局判決前，應由香港終審法院、澳門終審法院提請全國人大常委會對有關條款作出解釋。如全國人大常委會作出解釋，香港法院、澳門法院在引用該條款時，應以全國人大常委會的解釋為準。但在此以前作出的判決不受影響；全國人大常委會在解釋前，徵詢其所屬的香港基本法委員會和澳門基本法委員會的意見。

那麼，香港和澳門的法院是否有權解釋列於附件三的全國

---

19 楊允中、王禹等著：《澳門特別行政區法律體系研究》，澳門理工學院一國兩制研究中心，2015 年，第 96 頁。

性法律？這裏可能存在著兩種理解。第一種理解是香港法院和澳門法院有權解釋，這是因為基本法已經授權法院有權解釋基本法，既然有權解釋基本法，就應當有權解釋基本法附件三，而附件三已經明確了有哪些全國性法律在香港特別行政區和澳門特別行政區實施，因此，香港和澳門的法院既然有權解釋基本法，就有權解釋列於附件三的全國性法律。另一種理解是香港基本法和澳門基本法只是授權香港法院和澳門法院有權解釋基本法，但沒有授權香港法院和澳門法院解釋列於附件三的全國性法律。因為基本法的授權是這樣的：第一是授權法院自行解釋基本法內的自治範圍內的條款，而列於附件三的法律應限於有關國防、外交和其他依照本法規定不屬於澳門特別行政區自治範圍的法律，因此不屬於法院自行解釋的範圍；第二，基本法授權法院對基本法的其他條款也可以解釋。這裏的其他條款不包括列於附件三的全國性法律，其他條款當然也包括附件三的內容，但附件三的內容不等於全國性法律的具體條款，附件三只是解決那些全國性法律要適用在香港特別行政區和澳門特別行政區的問題。[20]

《香港駐軍法》和《澳門駐軍法》則明確指出，駐軍法的解釋權屬於全國人大常委會。[21] 由於我國憲法已經明確規定全

---

20 還可參見王禹：《論恢復行使主權》，人民出版社，2016 年，第 201-202 頁。

21 《香港駐軍法》第二十九條和《澳門駐軍法》第二十九條。

國人大常委會解釋法律，駐軍法當然是由全國人大常委會負責解釋，而《香港駐軍法》和《澳門駐軍法》的這一規定，其立法意圖在於再次強調全國人大常委會解釋駐軍法的憲制權力。1999 年 12 月 15 日香港終審法院在其判決的國旗國徽案裏，法院是否可以解釋列於香港基本法附件三的《國旗法》和《國徽法》並沒有引起爭議。雙方爭議的焦點是香港立法會制定的《國旗及國徽條例》是否違反基本法的問題。[22]

即使採用第一種比較寬鬆的理解，認定法院有權解釋列於附件三的全國性法律，而香港基本法和澳門基本法第十八條已經明確指出，列入附件三的法律應限於有關國防、外交和其他依照本法規定不屬於香港特別行政區和澳門特別行政區自治範圍的法律。這些內容要麼涉及中央人民政府管理的事務，要麼涉及中央和香港特別行政區、澳門特別行政區關係，因此比照香港基本法第一百五十八條第二款和澳門基本法第一百四十三條第二款規定，附件三的全國性法律不屬於法院自行解釋的範圍，而且，如果該解釋影響到案件的判決，在對該案件作出不可上訴的終局判決前，應由香港終審法院和澳門終審法院提請全國人民代表大會常務委員會對有關條款作出解釋。

22　有關本案的詳細情況，可參考黃江天：《香港基本法的法律解釋研究》，三聯書店（香港）有限公司，第 389-427 頁。

第六章

港澳政治體制中行政、
立法與司法既互相配合
又互相制約原則的探討

一、行政、立法與司法既互相配合又互相制約原則的 提出過程

　　香港、澳門回歸後，如何看待特別行政區政治體制裏行政、立法與司法的關係，一直是爭議的焦點。這些爭議包括行政主導是不是基本法的立法原意、特別行政區政治體制是不是一種三權分立體制、怎樣看待行政主導與西方三權分立理論的關係，等等。[1] 2008 年 7 月時任國家副主席的習近平訪問香港時說，希望「我們這個團隊，要精誠合作，行政、立法和司法三個機構互相理解，互相支持」。[2] 這在香港社會引起了討論和爭

1　有關爭論性文章，可參看陳弘毅：《行政主導概念的由來》，載香港《明報》2004年 4 月 23-26 日；陳祖為：《解釋〈基本法〉護法轉調　行政主導非基本法立法原意》，載香港《明報》2004 年 6 月 28 日及 29 日；余若薇：《行政主導無名無實》，載香港《明報》2007 年 6 月 12 日；胡錦光、朱世海：《「三權分立」抑或「行政主導」——論香港特別行政區政體的特徵》，載《河南省政法管理幹部學院學報》2010 年第 2 期；董立坤：《論香港特別行政區政治體制的性質及其特點》，載《港澳研究論文集》，研究出版社，2014 年，等等。

2　習近平指出：「我在開始見到曾特首就講到，既定的方針不變，這個和前任領導者蕭規曹隨，這方面是很明確的。對於我們管治團隊來講，我想如果概括來講，應該是兩句話，這兩句話是什麼呢？就是通情達理，團結高效。」習近平續稱：「團結呢，那就是我們的這個運行團隊、這個管治團隊要精誠合作，行政、立法、司法三個機構，互相理解，互相支持，共同珍惜我們來之不易的這樣的一個香港繁榮穩定的大好局面。我們也希望香港特首，強政勵治，穩健施政，高效施政，這樣使我們繼續推動我們香港各項工作，得到很好的發展。」見中國新聞網，「習近平贈港府官員八字箴言：通情達理、團結高效」，2008 年 7 月 8 日。

議。香港大律師公會發表聲明反對三個機構互相支持與合作的說法。香港立法會還曾就此問題進行了提問和答覆。[3]

香港反對的意見認為，既然已經將權力分為行政、立法和司法，就不能強調它們的合作和配合。這種觀點是建立在孟德斯鳩提出的「以權力制約權力」傳統三權分立理論的基礎上。實際上，當代西方許多國家的憲法都有行政、立法和司法既互相制約又互相配合的規定，如葡萄牙憲法第一百一十四條規定，「主權機關應遵守憲法關於分立及互相依賴之規定」；巴西憲法第二條規定，「聯邦的權力機關分為立法機關、行政機關和司法機關，三者彼此獨立而又互相協調」；哈薩克憲法第四條規定，「共和國的國家權力是統一的，它的行使以憲法和法律為基礎，遵循權力分立為立法權、執行權、司法權並利用制衡機制而相互協作的原則」；白俄羅斯共和國憲法第六條規定，「白俄羅斯共和國的國家權力以立法權、行政權和司法權分立為原則，行使立法、行政和司法權的機關在各自的職權範圍內相互獨立、相互協作並且相互制衡」；等等。香港基本法和澳門基本

3　吳志森：《獨立司法應「支持」行政嗎？》，載香港《蘋果日報》2008 年 7 月 9 日；《大律師公會挑戰習近平》，載香港《蘋果日報》2008 年 7 月 10 日；劉迺強：《三權合作論並無不妥》，載香港《信報》2008 年 7 月 15 日；龍七公：《三權分立和三權合作》，載香港《東方日報》2014 年 6 月 5 日等。2010 年 1 月 27 日香港立法會何俊仁議員對此問題進行了提問，其後政制及內地事務局局長林瑞麟作了答覆。

法起草過程中，在政治體制設計方面，逐步提出了行政、立法與司法既互相配合又互相制約的原則。這一設計原則構成了特別行政區政治體制的核心要素和重要特徵，既是對我國憲法有關規定及其精神的發展，也與西方憲政體制的發展邏輯和發展趨勢是一致的。

行政、立法與司法既互相配合又互相制約原則的提出，從起草香港基本法開始，到完成澳門基本法起草，經歷了一個逐漸調整、逐漸深入和逐漸清晰的過程。

（一）1986 年 11 月 4 日香港基本法起草委員會政治體制專題小組的報告

香港回歸後實行「一國兩制」，其政治體制既不能實行內地的人民代表大會制，也不能全盤照抄回歸前的總督制。香港基本法起草過程中，香港社會各界對政治體制問題存在多種不同的看法和意見。因此，為了順利推進政治體制條文的起草工作，首先需要確定特別行政區政治體制的設計原則。[4]

1986 年 11 月 4 日香港基本法起草委員會政治體制專題小組提交了第三次全體會議的工作報告。報告第二部分「關於香

---

[4]　有關政治體制的起草過程，可參考蕭蔚雲：《論香港基本法》，北京大學出版社，2003 年 3 月版，第 1-8 頁及第 14-31 頁，等等。

港特別行政區政治體制的基本模式」指出，「委員會認為，在『一國兩制』的原則下，香港特別行政區的政治體制應原則上採用『三權分立』的模式，雖然有的委員主張三權分立、行政主導，有的委員主張三權分立、立法主導，但對於司法獨立，行政機關和立法機關既互相制衡、又互相配合的原則，小組會上沒有人提出異議」。[5] 報告第九部分「關於行政機關與立法機關的關係」指出，「委員們同意應原則上採用『三權分立』模式，使行政機關和立法機關既互相制衡又互相配合」。

這說明，行政與立法既互相制約又互相配合，從一開始就是香港特別行政區政治體制的設計原則。[6] 不過，「應原則上採用『三權分立』模式」的提法，遭到了鄧小平的批評。1987 年 4 月 16 日鄧小平見香港基本法起草委員會第四次全體會議委員，指出，「香港的制度也不能完全西化，不能照搬西方的一套。香港現在就不是實行英國的制度、美國的制度，這樣也過了一個半世紀了。現在如果完全照搬，比如搞三權分立，搞英

5　《中華人民共和國香港特別行政區基本法起草委員會文件彙編》，全國人大常委會香港基本法委員會辦公室編，中國民主法制出版社，2011 年 1 月版，第 61 頁。

6　香港基本法起草委員會和澳門基本法起草委員會在許多報告裏都提到「互相制衡又互相配合」或「互相配合又互相制衡」的說法。考慮到「制衡」在中文裏，主要是指通過相互制約達成平衡，難以突出政治體制中的行政主導原則。因此，我在我的文章中採用「互相制約」，而不是「互相制衡」的提法。見王禹：《論恢復行使主權》，人民出版社，2016 年，第 210 頁。

美的議會制度，並依此來判斷是否民主，恐怕不適宜」。[7] 1987年 4 月 17 日政治體制小組負責人對香港記者作了解釋：「小組較早時確定的政治體制，不是真正的『三權分立』，只是指司法獨立，行政機關與立法機關既互相制衡又互相配合。因找不到大家瞭解的名稱，就借用『三權分立』一詞。」[8] 此後，香港基本法起草委員會及有關專題小組不再使用「三權分立」的提法。[9] 但是，行政與立法既互相制約又互相配合，作為設計香港特別行政區政治體制一個重要的指導思想，被保留下來。

　　1987 年 7 月英方向中方提交了《有關銜接的問題：行政機關和立法機關》的文件，其中提出，「應由一個強的行政機關領導政府，但是行政機關和立法機關之間要有適當制衡，而兩者

7　《鄧小平文選》第 3 卷，人民出版社，1993 年 10 月版，第 220 頁。

8　時任港澳辦副主任的李後在 1986 年 12 月 16 日接受《人民日報》採訪時也說，「政治體制問題的確較為複雜，不過，在一些問題上已經取得共同的認識。政治體制的基本模式原則上採取三權分立，即司法獨立、行政機關和立法機關既相互制衡，又互相配合的原則」。另外，譚惠珠在起草委員會第五次全體會議上說，「在第三組開始討論政治體系的時候，曾作詳細的討論、研究香港特區的政治體制，應該是行政主導抑或立法主導，結果無異議後通過，就是三權分立、行政立法會相互配合、互相制約。我們對這種主流的意見，是衷心地歡迎」。轉引自朱世海：《論特別行政區行政主導制的科學內涵》，載《「一國兩制」研究》2013 年第 1 期。這些講話都明確指出了行政與立法互相配合的設計原則。

9　李後：《百年屈辱史的終結：香港問題始末》，中央文獻出版社，1997 年，第185 頁。

之間也要保持合作的關係」。[10] 這就說明中英雙方對於行政與立法既互相制約又互相配合的設計原則有高度共識。

（二）1989 年 2 月 15 日《關於提請全國人大常委會審議〈中華人民共和國香港特別行政區基本法草案〉及有關文件的報告》和 1990 年 3 月 28 日《關於〈中華人民共和國香港特別行政區基本法（草案）〉及其有關文件的說明》

　　香港基本法起草委員會第八次全體會議通過了香港基本法草案，1989 年 1 月 14 日提交全國人大常委會審議。1989 年 2 月 15 日起草委員會主任委員姬鵬飛向全國人大常委會作了《關於提請全國人大常委會審議〈中華人民共和國香港特別行政區基本法草案〉及有關文件的報告》，其中「關於香港特別行政區的政治體制」部分指出，「香港特別行政區行政機關、立法機關和司法機關之間的關係，應該是行政機關和立法機關既互相制衡又互相配合；司法機關和檢察部門則獨立進行工作，不受任何干涉」。

　　香港基本法起草委員會第九次全體會議通過香港基本法草案定本後，正式提交給第七屆全國人民代表大會第三次會議審

10　轉引自郝鐵川：《香港不是美式三權分立下的行政主導》，載香港《明報》2013 年 10 月 31 日。

議。1990 年 3 月 28 日姬鵬飛在全國人大會議上作了《關於〈中華人民共和國香港特別行政區基本法（草案）〉及其有關文件的說明》，指出，「香港特別行政區的政治體制，要符合『一國兩制』的原則，要從香港法律地位和實際情況出發，以保障香港的穩定繁榮為目的。為此，必須兼顧社會各階層的利益，有利於資本主義經濟的發展；既要保持原政治體制中行之有效的部分，又要循序漸進地逐步發展適合香港情況的民主制度」。[11] 在關於行政機關和立法機關的關係上，姬鵬飛的報告指出，「行政機關和立法機關之間的關係應該是既互相制衡又互相配合，為了保持香港的穩定和行政效率，行政長官應有實權，但同時也要受到制約」。[12]

姬鵬飛的上述兩個報告都明確指出了根據行政與立法互相制約又互相配合的原則來設計香港特別行政區政治體制，體現了不照搬西方「三權分立」的指導思想。

---

[11] 姬鵬飛：《關於中華人民共和國香港特別行政區基本法草案及其有關文件的說明》，1990 年 3 月 28 日在第七屆全國人民代表大會第三次會議上。

[12] 姬鵬飛：《關於中華人民共和國香港特別行政區基本法草案及其有關文件的說明》，1990 年 3 月 28 日在第七屆全國人民代表大會第三次會議上。

（三）1992 年 3 月 14 日《關於提請全國人大常委會審議〈中華人民共和國澳門特別行政區基本法（草案）〉及其有關文件的報告》和 1993 年 3 月 20 日《中華人民共和國澳門特別行政區草案和有關文件及起草工作的說明》

　　澳門基本法是在參考香港基本法的基礎上制定的。政治體制方面，澳門基本法與香港基本法既有相同，也有不同。不同方面有立法會繼續維持直選、間選和委任三種組成結構，立法會只能審議政府提出的財政預算執行情況報告，而不能直接批准公共開支等。[13] 更重要的不同，是在政治體制的設計原則方面。1992 年 3 月 14 日姬鵬飛在第七屆全國人大常委會第二十五次會議上所作的《中華人民共和國澳門特別行政區基本法（草案）及有關文件的報告》談到，澳門基本法從行政機關、立法機關和司法機關之間應互相制衡又互相配合的原則，規定了行政長官、行政機關、立法機關和司法機關的職權以及行政機關和立法機關的關係。[14]

　　1993 年 3 月 20 日姬鵬飛在第八屆全國人大第一次會議所作的《關於中華人民共和國澳門特別行政區基本法草案和有關文件及起草工作的說明》指出，「在政治體制方面，從有利於特

13　澳門基本法附件二第二條和澳門基本法第七十一條等。

14　鄭言實編：《澳門過渡時期重要文件彙編》，澳門基金會，2000 年，第 61 頁。

別行政區的穩定發展，兼顧社會各階層的利益，循序漸進地發展民主制度的原則出發，制定行政機關、立法機關和司法機關之間既互相配合，又互相制衡的原則，規定了行政長官、行政機關、立法機關和司法機關的職權」。[15]

姬鵬飛在香港基本法起草報告裏指出政治體制的設計原則是「既互相制衡又互相配合」；而在澳門基本法起草報告裏，則改為「互相配合又互相制衡」。這裏將「互相配合」放在「互相制衡」前。[16] 這一轉變是深刻的。香港基本法起草報告僅提到了行政與立法的互相制約又互相配合，而澳門基本法起草報告則明確增加了司法機關，提出了行政機關、立法機關和司法機關既互相配合又互相制約的指導思想。至此，基本法起草者明確提出了行政長官制下行政、立法和司法既互相配合又制約的設計原則。行政長官制的政治體制在澳門基本法裏逐漸走向成熟和定型。

---

[15] 鄭言實編：《澳門過渡時期重要文件彙編》，澳門基金會，2000 年，第 73-74 頁。

[16] 這也是許多學者在文章中指出澳門特別行政區政治體制重在配合的原因所在。廉希聖：《對「行政主導」的冷思考》，《紀念澳門基本法頒佈十七周年學術研討會論文集》，澳門基本法推廣協會，2010 年。

二、行政、立法與司法既互相配合又互相制約原則的主要機制

絕大多數學者長期以來將港澳政制原則概括為行政主導、行政與立法互相配合又互相制約、司法獨立。然而，這一概括並不十分到位。第一，不能清楚地說明行政主導原則與行政與立法互相配合又互相制約的關係，實際上這是不同層面的設計原則；第二，不能準確地說明立法在整個政治體制中的功能和作用，「立法」沒有「位置」，對「立法」並不公平；第三，在行政與立法互相配合又互相制約原則與司法獨立之間形成斷裂，將司法獨立突出於整個政治體制之外；第四，不能準確地說明基本法設計特別行政區政治體制的立法原意，尤其是澳門基本法起草報告已經明確指出了行政機關、立法機關與司法機關之間既互相配合又互相制約的設計思想。

行政、立法與司法既互相配合又互相制約這一原則既包含著行政主導的主要特徵，又包含著立法監督的內涵，也不否定司法獨立原則。行政主導、立法監督、司法獨立都是在這麼一個行政、立法與司法既互相配合又互相制約的大原則下運行的。

從運行機制上看，行政、立法與司法既互相配合又互相制約，包括行政與立法的互相配合又互相制約、行政與司法的互相配合又互相制約、立法與司法的互相配合又互相制約三個方面的內容。

（一）行政與立法的互相配合又互相制約

三權分立中，最重要的權力就是行政權和立法權，孟德斯鳩甚至認為，「上述三種權力中，司法權在某種意義上有等於無」。[17] 施密特指出，「真正具有重要意義的是立法與行政的區分」。[18] 行政與立法的關係在根本上決定著政治體制的特徵。蕭蔚雲認為特別行政區政治體制區別於三權分立的主要特點，就在於行政與立法互相配合。互相配合的機制就是行政會議和行政會，其成員由行政長官從政府主要官員、立法會議員和社會人士中委任。這樣行政與立法可以在行政會議或行政會中「互相溝通情況，進行協調，以消除分歧，或互諒互讓，求同存異，解決矛盾」，還有社會人士可「以比較超脫的立場，從中進行協調」。[19]

行政與立法的互相配合，從廣義看主要包括：（1）立法會通過的法案必須由行政長官簽署、公佈才能生效，立法會本身不能公佈法律；（2）涉及公共收支、[20] 政治體制或政府運作的議

---

17 〔法〕孟德斯鳩：《論法的精神》（上卷），許明龍譯，商務印書館，2009 年，第 171 頁。

18 〔德〕卡爾·施密特：《憲法學說》，劉鋒譯，上海人民出版社，2005 年 7 月版，第 196 頁。

19 蕭蔚雲：《論香港基本法》，北京大學出版社，2003 年 3 月版，第 644 頁、第 647 頁。

20 香港基本法此處的寫法為公共開支。

案，只能由政府向立法會提出，立法會議員不能提出；（3）議員若提出涉及政府政策的議案，在提出前必須得到行政長官的書面同意；（4）行政長官有權要求立法會將政府提出的議案優先列入議程；（5）行政長官有權要求立法會召開緊急會議等。[21]

至於行政與立法的互相制約機制，主要有：（1）行政長官將立法會通過的法案以不符合特區整體利益為由發回重議；（2）行政長官在一定條件下可以解散立法會；（3）重選的立法會在一定條件下可以迫使行政長官辭職；（4）立法會有權彈劾行政長官等。[22] 另外，政府必須在一定範圍內依法向立法會負責，[23] 這既是立法會對政府行使監督職能的體現，也是立法對行政的一種常態性制約。

行政與立法互相配合的指導思想，還表現在對行政與立法互相制約的機制進行節制。如行政長官對立法會的解散，只能

---

21 香港基本法第七十二、七十四條和第七十六條，澳門基本法第七十四、七十五條和第七十八條等。

22 香港基本法第四十九、五十、五十二、七十四條，澳門基本法第五十一、五十二、五十四條和第七十一條等。2012 年 2 月 28 日，有香港立法會議員認為，香港特首涉及利益衝突而未有申報，屬於嚴重瀆職，擬遊說議員聯合啟動彈劾特首的程序。因議程眾多而立法會會期結束，而多名議員也不支持有關程序，令彈劾程序無疾而終。2013 年 1 月 9 日香港立法會審議一項由 27 位議員的聯合動議，並由議員梁國雄作為議案動議人的議案，啟動對香港特別行政區行政長官的彈劾程序。經約八小時的辯論，有關動議在功能界別以 9 票贊成、23 票反對，地區直選 18 票贊成、14 票反對，未能通過分組點票而被否決。

23 香港基本法第六十四條和澳門基本法第六十五條。

在其一任任期內解散一次。[24] 又如立法會拒絕通過政府提出的財政預算案或其他重要法案、行政長官認為關係到澳門特別行政區整體利益的法案，經協商仍不能取得一致意見，行政長官可以解散立法會。[25] 這就要求行政長官解散立法會前，須先與立法會協商尋找共識，達成雙方的「妥協」。只有在「妥協」不成的時候，才可解散立法會。

（二）行政與司法的互相配合又互相制約

司法對行政的制約，通常表現在司法獨立審判，通過司法審查制止行政權的濫用。行政對司法的制約，則主要表現在行政對法官的人選有提名權或任免權。在許多國家和地區，法官的人選要麼由行政掌握，要麼由行政和立法共同行使，很少出現由上級法官任命下級法官的情況。司法獨立並不是指司法可以管轄任何行為。在西方憲政體制下，法院在國防和外交等方面，應當從維護國家利益出發，服從有關行政機關政治決策。

---

24 香港基本法第五十條和澳門基本法第五十二條。

25 香港基本法第五十條和澳門基本法第五十二條。西方憲政體制下關於議會解散的限制，通常是兩院在第一次全體會議後的一年內不得被解散，較少在五年內對解散權的次數作出限制。如《法國憲法》第十二條規定，「國民議會因解散而改選後一年內，不得再予以解散」。《希臘憲法》第四十一條第四款規定，「議會被解散後新選舉產生的議會，除本憲法第三十七條規定的例外情況以及前條第一款、第三款規定的情況外，在其公開舉行會議之日起的一年之內，不得再次被解散」。

這就是司法對行政進行配合的最好例證。[26] 在特別行政區提出行政與司法的互相配合，並不是否定司法獨立。行政與司法的互相配合，是指行政應當從整體上維護司法獨立，為司法提供法定保障，而司法應當明確自己是在行政長官制這樣一種政治體制下運作和獨立審判的。

行政與司法互相配合又互相制約的機制主要有：（1）法官在經過一定程序後由行政長官進行任命和免職，其中香港終審法院法官和高等法院首席法官、澳門終審法院法官和院長，其任命和免職還需要由行政長官報給全國人大常委會備案；（2）行政長官和政府主要官員在就任時應當向終審法院首席法官或院長申報財產，記錄在案；（3）終審法院首席法官或院長參與立法會對行政長官的彈劾並主持調查工作；（4）法院對國防、外交等國家行為無管轄權，法院在審理案件中遇有涉及國防、外交等國家行為的事實問題，應取得行政長官就該等問題發出的證明文件，上述文件對法院有約束力；（5）法院對刑事案件

---

26 即《美國憲法》裏的所謂政治問題不審查原則。政治問題，在英國稱為國家行為，在日本稱為統治行為，在法國稱為政府行為。法院對政治問題、國家行為、統治行為和政府行為，應當拒絕受理，無權管轄。香港基本法和澳門基本法第十九條規定法院對國防、外交等國家行為無管轄，這裏的國家行為不同於通常與之互訓的政治問題或政府行為。這裏是指特區法院對中華人民共和國對香港和澳門作出的行為無管轄權。可參見王禹：《論恢復行使主權》，人民出版社，2016年，第233-238頁。

的判決生效後，行政長官還有權予以赦免或減輕罪犯的刑罰。[27]

（三）立法與司法的互相配合又互相制約

　　基本法對立法與司法的互相配合又互相制約的設計，主要
有：（1）立法會在彈劾行政長官的過程中，需要終審法院院長
或首席法官負責組成一個獨立的調查委員會進行調查；（2）香
港終審法院法官和高等法院首席法官的人選，需要徵得立法會
同意後由行政長官任命；在澳門，任命法官和院長的權力，則
都屬於行政長官的權力，但如果要對澳門終審法院法官予以免
職，則必須由立法會組成一個特別審議委員會進行審議後，由
行政長官決定。[28]

三、行政、立法與司法既互相配合又互相制約原則的
　　憲政意義

　　行政、立法和司法既互相配合又互相制約的原則，構成了

27　香港基本法第十九、四十七、四十八、八十八、七十二、九十條等，及澳門基本
　　法第十九、四十九、五十、六十三、八十七、八十八條等。

28　香港基本法第七十三條，及澳門基本法第七十一、八十七條等。

行政長官制的核心要素和重要特徵。這個設計原則是對我國憲法有關規定及其精神進一步延伸的必然結果，也與西方憲政體制的發展邏輯和發展趨勢相一致。

（一）行政、立法與司法互相配合又互相制約，構成了特別行政區行政長官制的核心要素和重要特徵

第一，特別行政區政治體制是一種行政長官制。行政長官在整個政治體制中居於核心地位。行政長官對中央人民政府和特別行政區負責；行政長官既是特別行政區的地區首長，也是特別行政區政府的行政首長。行政長官享有廣泛職權，不僅行使行政管理權，而且還具有立法和司法方面的某些權限。行政長官作為地區首長，具有某種超然於行政、立法和司法機關之上的地位，而作為行政首長，行政長官領導下的政府在一定範圍內必須向立法會負責。[29]

第二，行政、立法與司法既互相配合又互相制約的運作機制，是以行政長官為核心而展開的。基本法規定行政長官「負責執行本法和依照本法適用於特別行政區的其他法律」。[30]「負

---

[29] 關於行政長官具有超然地位的討論，可參考張曉明：《正確認識香港特別行政區政治體制的特點》，載香港《大公報》2015 年 9 月 13 日，及後續引起的社會討論。

[30] 香港基本法第四十八條第（二）項和澳門基本法第五十條第（二）項。

責執行本法」是指負責執行基本法，而特別行政區其他政治機構沒有被賦予這樣的職能。這意味著行政長官有責任保證特區內部的行政、立法與司法諸機構在基本法鋪設的軌道上運行，各司其職，互相配合，互相制約，以落實基本法的正確實施。行政長官在特區內部判斷特別行政區整體利益，有權將立法會通過的法律以不符合特區整體利益為由發回重議，有權以國家和特區重大利益為由，不許可某些政府官員或其他負責政府公務的人員出席立法會作證或提供證據。[31] 負責執行基本法，還可以延伸出行政長官有權採取一定的措施，請求國務院等機構向全國人大常委會提出解釋基本法的議案。[32]

第三，行政、立法與司法既互相配合又互相制約的運作機制，是以行政長官為核心，在整個國家管理體制下運行的。在特別行政區，無論是行政、立法還是司法，其權力都非本身所固有，而是中央授予的。被授權者對授權者在政治倫理上有一種內在責任。行政、立法與司法既互相配合又互相制約，不僅

---

31 香港基本法第四十九條、四十八條第（十二）項，及澳門基本法第五十一條、五十條第（十五）項等。

32 見全國人大常委會《關於中華人民共和國香港特別行政區基本法第二十二條第四款和第二十四條第二款第（三）項的解釋》（1999 年 6 月 26 日）及《關於中華人民共和國香港特別行政區基本法第五十三條第二款的解釋》（2005 年 4 月 27 日）。而全國人大常委會 2011 年 12 月 31 日作出的《關於中華人民共和國澳門特別行政區基本法附件一第七條和附件二第三條的解釋》，則是由行政長官致函全國人大常委會委員長，由委員長會議向全國人大常委會提出解釋基本法的議案。

是為了完成這種責任，而且運作過程中在許多情況下都離不開中央權力的介入，如法院在一定情況下要求行政長官發出有關國家行為的證明文件，但行政長官在發出該證明文件前，必須取得中央人民政府的證明書；又如立法會有權彈劾行政長官，但彈劾案通過後，最終報中央人民政府決定，等等。

（二）行政、立法與司法既互相配合又互相制約，是我國憲法有關規定及其精神延伸的必然結果

第一，權力互相配合又互相制約，在我國憲法裏就有明確的條文。2018 年憲法修正後的第一百四十條規定，「人民法院、人民檢察院和公安機關辦理刑事案件，應當分工負責，互相配合，互相制約，以保證準確有效地執行法律」。1982 年憲法的這一規定，最早見於 1979 年的《刑事訴訟法》。[33] 1979 年《刑事訴訟法》要求在法院、檢察院和公安機關在進行刑事訴訟，應當分工負責，互相配合和互相制約。在制定 1982 年憲法的過程中，考慮到這是我國司法工作中長期行之有效的一項

---

33 該法第五條規定，「人民法院、人民檢察院和公安機關進行刑事訴訟，應當分工負責，互相配合，互相制約，以保證準確有效地執行法律」。憲法在文字上略有變動。

好經驗，因此以根本法的形式加以確認。³⁴ 又如 2018 年憲法修正後的第一百二十七條第二款規定，「監察機關辦理職務違法和職務犯罪案件，應當與審判機關、檢察機關、執法機關互相配合、互相制約」。現行憲法的這些規定雖然是對辦理案件而提出的指導性原則，但對於政治體制而言，則有一定的啟迪意義。³⁵

　　第二，我國憲法規定的人民代表大會制度是我國的根本政治制度，其實質是在立法主導、立法制約其他權力的基礎上強調諸種權力的配合。這種政治制度是以承認國家機關在職能上的分工、合作和制約為前提的。鄧小平說他批評美國的「三權分立」是三個政府在互相打架，這是指「三權分立」過於強調權力的互相制約，拖慢了政府施政的效能。³⁶ 我國法治實踐中出現的由幾個部門聯合發文的制度，其中就有由立法機關、行政

---

34 有關 2018 年憲法修正後的憲法第一百四十條的當時起草情況，可參考蕭蔚雲：《我國現行憲法的誕生》，北京大學出版社，1986 年，第 81-82 頁。這條是根據彭真的意見增寫的。見許崇德：《許崇德全集》第 7 卷，中國民主法制出版社，2009 年，第 2573-2574 頁。

35 也有一些學者對這一原則在刑事訴訟法中提出一定批評，認為過度強調互相配合，導致制約失衡現象嚴重。見左衛民：《健全分工負責、互相配合、互相制約原則的思考》，載《法制與社會發展》2016 年第 2 期。

36 「我經常批評美國當權者，說他們實際上有三個政府。當然，美國資產階級對外利用這一手來對付其他國家，但對內自己也打架，造成了麻煩。」《旗幟鮮明地反對資產階級自由化》（1986 年 12 月 30 日），《鄧小平文選》第 3 卷，人民出版社，1993 年，第 195 頁。

機關和司法機關等部門聯合發文，[37] 這就是權力互相配合又互相制約的表現。

第三，行政長官制是根據我國憲法和特別行政區的現實情況，並吸收回歸前總督制行之有效因素而設計的。憲法是我國制定基本法和設計政治體制的根本法律依據。這種政治體制的實質是一種地方政治體制，因而沒有必要過分強調權力的互相制約，而應當在權力適當制約的基礎上講求權力的適當配合。只有在權力互相配合和互相合作的基礎上，才能造就一個對中央負責的穩定的地方政府。

（三）行政、立法與司法互相配合又互相制約，與西方憲政體制的發展邏輯和發展趨勢相一致

現在西方國家奉為憲法基本原則的三權分立理論，主要是由孟德斯鳩提出的。這種理論的核心，是把國家權力分為行政、立法與司法三種權力，並在三種權力之間設置機制，讓其

---

37 如最高人民法院、最高人民檢察院、公安部、國家安全部、司法部、全國人大常委會法制工作委員會《關於刑事訴訟法實施中若干問題的規定》（1998 年 1 月 19 日），聯合發文單位有司法機關、行政機關和立法機關等多個部門。

相互牽制，以達到權力平衡，保障政治自由。**38** 這就是「以權力制約權力」、「以野心制約野心」。**39** 美國憲法是嚴格按照孟德斯鳩理論進行設計的，是一種典型的三權分立。英國體制採用議會主權原則，在其長期演進過程中，發展出內閣與議會互相制約的機制。1946 年制定的法國憲法則在美國總統制和英國議會內閣制的基礎上，設立了多重權力制約模式。這些體制，我國憲法學都稱為三權分立體制。**40**

政府的運作必須以合作為基礎，而不能建立在純粹的權力分立基礎上。因此，孟德斯鳩的三權分立理論提出後，遭到許

---

38 「每一個國家有三種權力：（1）立法權力；（2）有關國際法事項的行政權力；（3）有關民政法規事項的行政權力」，第三種權力稱為司法權，而第二種權力稱為國家的行政權力。腐化是一切政府的必然趨勢，不同的權力必須分立，只有「以權力制約權力」，才能確保公民的生命和自由。如果司法權與立法權合為一體，法官就成為立法者，立法者就是法官，就會形成一種施行專斷的權力；同樣，如果司法權與行政權合為一體，法官便掌握了使自己成為壓迫者的力量；如果由同一個人或一個團體來行使這三種權力，那就一切就完了。〔法〕孟德斯鳩：《論法的精神》（上冊），張雁深譯，商務印書館，1981 年，第 155-157 頁。

39 〔美〕漢密爾頓等：《聯邦黨人文集》，商務印書館，1980 年，第 264 頁。

40 許崇德主編：《中國憲法》，中國人民大學出版社，1999 年，第 49-51 頁。

多的批評。[41] 孟德斯鳩理論的缺陷在於：（1）側重於權力制約，忽視權力合作。權力分立以後，能否保障權力協調運作，孟德斯鳩在其學說裏沒有過多涉及。孟德斯鳩只是寫到：「這三種權力本應形成一種靜止或無為狀態，但是在事物的必然運動的推動下，它們不得不前進，而且是一同前進。」[42]（2）側重於權力分立，忽視權力分享。所謂權力分享，是指「任何一項憲法權力之行使，並非任何單獨之憲法權力機關所能完成，而必須尋找其他權力機關之同意、合作或參與」。[43] 美國從孟德斯鳩理論出發，不僅實行權力的分立，而且還實行身份的分離，即行政部門與國會完全分離，行政部門成員不得兼任議會議員，不得參加議會立法的提案、討論和表決。因此，如果大選的結果是

---

41 關於對孟德斯鳩三權分立的質疑和批評，概括起來主要有：（1）分權制衡是否合理或必要；（2）分權制衡是否另有更合理的表現方式；（3）三權之外是否應該另有他權。任德厚：《比較憲法與政府》，台北，2002 年，第 126 頁。1923 年朝陽大學法律科《憲法》講義在介紹三權分立理論時指出學者對孟氏的四個非難：（1）分類之不完全也；（2）與英國之制度之實際不合也；（3）終屬不可行之事也；（4）足以破壞國家之統一也。還可參見程樹德：《憲法歷史及比較研究》，商務印書館，2012 年，第 98-99 頁。

42 〔法〕孟德斯鳩：《論法的精神》，許明龍譯，商務印書館，2009 年，第 174 頁。維爾批評孟德斯鳩放過了這個問題，「他論辯說根據事物的本質，這些機構會被迫運動，而且被迫協調運動」。〔英〕維爾：《憲政與分權》，蘇力譯，生活・讀書・新知三聯書店，1997 年，第 233 頁、第 234 頁。

43 Tribe: *American Constitutional Law* (3rd ed.-Volume One), New York, N. Y. Foundation Press.

總統和國會不屬於同一黨派，就往往導致國會和總統的對立，造成政治僵局，政府的施政效能得以削減。[44]（3）側重於權力平衡，忽視權力仲裁。在美國的體制下，沒有一個最高的權力仲裁者，三個權力是平等的，所以美國憲法沒有規定總統是國家元首，而僅是規定總統行使行政權。美國法院有權解釋憲法，行使違憲審查權，是後來憲法實踐對原先憲法設計制度的一種發展和修正。[45]

英國和法國憲法的實踐本身已經修正了孟德斯鳩傳統的三權分立理論。英國的議會內閣制下，內閣與議會的權力往往合二為一。內閣成員通常同時是議會議員，他們一方面在政府擔任行政工作，一方面在議會參加立法工作。議會的一切重要法律提案都來源於內閣，議會的立法工作實際上是在內閣指導

---

44 景躍進、張小勁主編：《政治學原理》，中國人民大學出版社，2010 年，第 2 版，第 98 頁。許多國家在引進美國式三權分立這種體制後，引起議會和總統的嚴重對立，最終走向政治獨裁。美國的三權分立也被稱為是「美國最危險的出口品」，見 Linz, Juan J: *The Perils of Presidentialism*, Journal of Democracy, Volume 1, Number 1, Winter 1990, pp.51-69。李鴻禧認為，美國總統制是一個特例，是其他國家學不來的，「其他實行總統制的國家很難發現真正的民主」。李鴻禧：《李鴻禧憲法教室》，元照出版公司，2004 年，第 74 頁。

45 在美國憲法制定時，《聯邦黨人文集》的作者已經討論到此問題：「如果我們查看某些州的憲法，我們會發現，儘管這個原理（指孟氏三權分立原理）使用的是強調的，有時甚至是絕對的字句，但是這幾個權力部門卻沒有絕對分立的實例。」見〔美〕漢密爾頓、傑伊、麥迪遜：《聯邦黨人文集》，商務印書館，1980 年，第 248-251 頁。

下進行的。[46] 白芝浩認為，「英國憲法的有效秘密在於行政權與立法權的緊密聯合，一種幾乎完全的融合」。[47] 他進一步指出，實現這種緊密聯合的連接點是內閣，它是立法機關選出而充任行政機關的委員會。法國憲政體制在三種權力互相制約的基礎上，強調總統維持主權統一性的重要地位和在維持國家機構的協調運作中的作用，要求總統承擔起協調行政、立法與司法一體運作、共同發揮作用，充當國家政權機關的調解人的責任。[48]

二戰以來，隨著人權和法治保障體系的推進和鞏固，以及公民對國家提供福利和公共服務功能的不斷訴求，越來越「需要表明民主政府怎樣能夠既是受到制約的又是能動進取的，也就是說，既能積極促進社會福利，與此同時，又不陷入僅僅在

46　李步雲主編：《憲法比較研究》，法律出版社，1998 年，第 838 頁。

47　白芝浩（Bagehot）：《英國憲制》（*The English Constitution*），中國政法大學出版社，2003 年，第 8-9 頁。

48　如《法國憲法》第五條規定，「共和國總統監督憲法之遵守。總統通過其仲裁，確保公共權力的正常運作以及國家之延續」，《波蘭憲法》第一百二十六條規定，「波蘭共和國總統是波蘭共和國的最高代表，是國家權力持續運作的保證人」，《俄羅斯憲法》第八十條第二款規定，「俄羅斯聯邦總統是俄羅斯聯邦憲法、人和公民的權利與自由的保證人。總統根據俄羅斯聯邦憲法規定的程序，採取措施維護國家主權，捍衛國家獨立和領土完整，保障國家機關之間協調一致、共同發揮作用」，《白俄羅斯憲法》第七十九條第二款規定，「總統採取措施捍衛白俄羅斯共和國的主權、國家安全和領土完整，保障政治、經濟的穩定以及國家政權機關的連續性和相互協作，充當國家政權機關之間的調解人」，等等。

其組織得最好的公民之間分配利益的專制之中」。[49] 因此，將權力分為立法、行政和司法後，不僅需要強調權力的互相制衡，而且還需要強調權力的互相配合。這種發展趨勢在葡語系國家和獨聯體國家的憲法裏表現得尤為明顯。[50] 這些國家的憲法都明確指出採用三權分立理論作為國家機構體系運作的基礎，但同時指出不僅僅是立法、行政和司法的互相制約，還明確指出了

---

49 〔美〕斯蒂芬・L. 埃爾金、卡羅爾・愛德華・索烏坦：《新憲政論——為美好的社會設計政治制度》，生活・讀書・新知三聯書店，1997 年，第 39 頁。

50 這些葡語系國家的憲法有：（1）《葡萄牙憲法》第一百一十四條規定：「主權機關應遵守憲法關於分立及互相依賴之規定」；（2）《巴西憲法》第二條規定：「聯邦的權力機關分為立法機關、行政機關和司法機關，三者彼此獨立而又互相協調」；（3）《聖多美普林西比民主共和國憲法》第六十九條規定：「主權機關得遵行由憲法確立的分立原則與相互依存原則」；（4）《安哥拉憲法》指出憲法和法律的首要功能在於分權制衡和相互依存，其第一百零五條第三款：「主權機構應尊重憲法確定的職能分離和互相依存的原則」；（5）《莫桑比克憲法》第一百三十四條規定：「主權公共機關依據憲法中規定的權力分離和相互依存的原則建立，並服從於憲法和法律」；（6）《東帝汶憲法》第六十九條規定：「主權機構或機關間的相互關係以及在履行職權過程中應遵循憲法確立的三權分立原則和相互合作原則」；等等。以上憲法條文資料轉引自鄭錦耀：《論權力分立學說中的權力配合關係》，「開拓『一國兩制』實踐新征程」學術研討會論文集，2015 年 3 月 31 日澳門基本法推廣協會主辦。獨聯體國家的憲法有：（1）《哈薩克憲法》第四條規定：「共和國的國家權力是統一的，它的行使以憲法和法律為基礎，遵循權力分立為立法權、執行權、司法權並利用制衡機制而相互協作的原則」；（2）《阿塞拜疆憲法》第十條規定「阿塞拜疆共和國國家權力根據權力分立原則予以組織」，「根據本憲法的條款，立法權、執行權、司法權相互協作」；（3）《白俄羅斯共和國憲法》第六條規定：「白俄羅斯共和國的國家權力以立法權、行政權和司法權分立為原則，行使立法、行政和司法權的機關在各自的職權範圍內相互獨立、相互協作並且相互制衡。」

行政、立法和司法的互相協作和互相配合原則。因此，基本法裏行政、立法與司法互相配合又互相制約的設計思想，與西方憲政體制的發展邏輯和發展趨勢是一致的。

四、深入認識和正確處理行政、立法與司法互相配合和行政、立法與司法互相制約的關係

行政、立法與司法既互相配合又互相制約，是特別行政區行政長官制政治體制的核心原則。這一核心原則既包含著行政主導的主要特徵，又包括了立法監督的內涵，也不否定司法獨立。關於這個原則的提出，基本法的起草者經歷了逐漸調整、逐漸深入和逐漸清晰的認識過程。

互相配合與互相制約是這個原則的兩個方面。制約中有配合，配合中有制約。兩者缺一不可，既對立又統一。應當深入認識和正確處理行政、立法和司法互相配合，與行政、立法和司法互相制約的兩者關係。

（一）行政、立法與司法的互相配合，和行政、立法與司法的互相制約，都建立在我國對港澳地區恢復行使主權的基礎上

西方的三權分立理論雖然強調權力的分立和制約，但本

身並沒有否定國家主權的統一性。如費德列（Carl Joachim Friedrich, 1901-1984）指出，「在分立的權力之後，必然有另一單一而不可分的權力。這就是制定刑罰、建立憲政秩序，以及在需要時修改或甚至改換憲法的權力」。[51] 主權最高性必然要求主權的統一性，要求整個國家建立在一個統一的基礎上。將國家權力分為立法、行政與司法，只是在國家「具體事務上的日常分工」，[52] 主權本身沒有分割。美國憲法明確表現憲法是人民制定的，這就說明立法、行政與司法雖然分立，但其權力的最終源泉，保留在國民自身。這是美國整個體制運作的基礎。

行政、立法和司法的互相配合，與行政、立法和司法的互相制約，都是建立在一個共同的基礎上。這就是我國對香港和澳門恢復行使主權，設立特別行政區制度，實行「一國兩制」、「港人治港」、「澳人治澳」和高度自治。我國對香港、澳門享有不可置疑的主權，是特別行政區內部行政、立法和司法相互運作的根本基礎。

---

51 Carl J. Friedrich, *Limited Government:A Comparison,* Englewood Cliffs, N.J.: Prentice Hall, 1974, p19.

52 「事實上這種分權只不過是為了簡化和監督國家機構而實行的日常事務上的分工罷了，也像其他一切永久性的、神聖不可侵犯的原則一樣，這個原則只是在它符合於現存的種種關係的時候才被採用。」《馬克思恩格斯全集》第 5 卷，人民出版社，1998 年，第 224-225 頁。

（二）行政、立法與司法的互相配合，和行政、立法與司法的互相制約，存在著互相轉化的關係

權力分立制衡的另一個面向，即是權力的分享：「在這個分權制衡的權力分立原則之下，三個權力部門彼此之間既是相互獨立的，也是相互依存的關係」。[53] 即使在美國嚴格的三權分立體制下，仍然存在著權力的分享與合作：如副總統兼任參議院議長；國會通過傳喚和要求政府成員出席；[54] 總統向國會發表國情諮文；等等。

行政、立法和司法互相配合，與行政、立法和司法的互相制約，存在著互相轉化的關係。如立法會通過的法案，須經行政長官簽署、公佈，才能生效，這就是行政與立法的互相配合。如果行政長官不簽署該法案，則必須在三個月或九十日內以不符合特區整體利益為由，發回立法會重議。這就變成了行政對立法的制約。如果立法會以三分之二多數通過原案，則行政長官必須簽署，這就是行政配合立法的表現。如果行政長官還是拒絕簽署，則必須解散立法會。這就是行政對立法的制

---

53 林子儀：《憲政體制問題釋憲方法之應用——美國聯邦最高法院審理權力分立案件之解釋方法》，載《廖義男教授六秩華誕祝壽論文集》，元照出版公司，2002年，第14-15頁。

54 「故重要的委員會於施政上，有重大勢力。」見〔日〕美濃部達吉：《憲法學原理》，歐宗佑、何作霖譯，中國政法大學出版社，2003年，第371頁。

約。立法會解散以後，必須重選，如果重選的立法會再次以三分之二多數通過原案，而行政長官仍然拒絕簽署的，則行政長官必須辭職。這就是立法對行政的制約。若行政長官對重選立法會以三分之二多數通過的原案，予以簽署的，則是行政對立法的配合。[55]

（三）行政、立法與司法的互相配合應當優先於行政、立法與司法的互相制約

互相制約的目的，是為了防止某種權力過大或被濫用，從而侵犯人權，因而通過互相抗衡，迫使某種權力在基本法設立的軌道上正確行使。只有在基本法鋪設的軌道上正確行使，才能做到互相配合。因此，只有建立在行政、立法與司法互相制約的基礎上，才能達到行政、立法和司法更好地互相配合的目的。配合是目的，而制約是手段；行政、立法和司法的互相配合應當優先於行政、立法和司法的互相制約。

行政、立法和司法互相配合，與行政、立法和司法的互相制約，是既對立又統一的整體。不能將兩者的關係簡單化，變成任何情況下只講互相制約而不講互相配合，也不能變成任何

---

[55] 香港基本法第四十八條第（三）項、第四十九、五十、五十二及七十六條及澳門基本法第五十條第（三）項、第五十一、五十二、五十四、七十八條等。

情況下只講互相配合而不講互相制約。只有在互相制約基礎上的互相配合，才能保障高度自治的有效落實和特別行政區行政長官制的正常運作，才能造成一個行政長官有實權又受到一定制約的高效率的穩定政府。**56**

香港基本法和澳門基本法都是以行政長官為核心而設計政治體制的，都屬於行政長官制。但這兩種行政長官制本身也有區別。姬鵬飛在報告裏指出香港政治體制的設計原則其中之一是「行政與立法互相制約又互相配合」，而在澳門方面則明確提出了「行政、立法與司法既互相配合又互相制約」。香港是將「制約」放在前面，「制約」先於「配合」，而「澳門」是將「配合」放在前面，「配合」先於「制約」；澳門並明確加上司法部分，既強調司法獨立，又強調行政、立法與司法的互相配合又互相制約。**57** 這種指導思想的差異，造成了香港特別行政區政

---

56 「香港的穩定，除了經濟的發展以外，還要有個穩定的政治制度。我說過，現在香港的政治制度就不是實行英國的制度、美國的制度，今後也不能照搬西方的那一套。如果硬要照搬，造成動亂，那是很不利的。這是個非常實際的嚴重問題。」見《鄧小平文選》第 3 卷，人民出版社，1993 年，第 267 頁。

57 2009 年 11 月 10 日，張曉明在北京大學舉行的慶祝澳門回歸十周年學術研討會上表示，澳門回歸十年來，有很多鮮活的經驗值得認真總結。其中就包括澳門特區的政治體制，特別是行政與立法、司法之間的關係，更多的是注重相互之間的配合，更加具有建設性。張曉明：「澳門不盲從不模仿 成功走自己路」，中國新聞網，2009 年 11 月 11 日。

治體制如王磊所說的「弱行政長官制」。[58] 行政長官的權力被弱化，行政與立法變成以相互制衡，甚至相互對立為主，形成立法會「有權無票」，政府「有票無權」的局面。[59] 政治體制裏的行政主導原則難以彰顯。[60]

在香港特別行政區政治體制的運作過程中，應當正確處理行政與立法的互相配合與互相制約的關係。兩者是既對立又統一的矛盾體。應該認識到權力的互相配合是這個矛盾的主要方面，權力的互相制約是這個矛盾的次要方面。可以考慮從制度建設和機制運行方面改進權力的互相配合。如香港社會提出的一些建議，如由各派政治力量在立法會組成執政聯盟，為行政長官在立法會內爭取票數並同時向政府爭取合適政策，[61] 或組建一個有較廣闊社會支持基礎的管治聯盟等，[62] 都有推動行政與立法互相配合的意思。另外，有必要進一步發揮行政會議的作用。行政會議是香港基本法設計的行政與立法互相配合的主要

---

58 王磊：《香港政治體制應當表述為「行政長官制」》，載朱國斌編著：《香港特區政治體制研究》，香港城市大學出版社，2017 年。

59 胡錦光：《香港特區行政與立法關係的協調思路及其對澳門的啟示》，載《紀念澳門基本法頒佈十九周年學術研討會論文集》，澳門基本法推廣協會，2012 年。

60 《董建華：回歸後行政主導失效》，《蘋果日報》2016 年 6 月 14 日；《董建華指歷任特首無法行政主導》，《星島日報》2016 年 6 月 14 日。

61 香港《大公報》2013 年 6 月 4 日，民建聯立法會議員李慧琼等提出。

62 劉兆佳：《回歸後的香港政治》，商務印書館（香港）有限公司，2013 年，第334 頁。

「一國兩制」的變與不變

機制。不能簡單地使其變成政治酬庸工具。行政長官在委任部分議員進入行政會議時，需要照顧到不同立場的議員，使其成為可以發揮行政與立法之間溝通和配合的運行機制。[63]

在澳門特別行政區政治體制的運作過程中，在保證行政與立法互相配合的基礎上，也還可以適當發揮行政與立法互相制約的功能，尤其需要加強立法會對政府日常工作的質詢監督、財政方面的審議監督，以及立法方面的統一協調功能。[64] 行政主導並不是行政不受任何制約，也不指立法盲目地配合行政的工作。行政與立法的配合是互相的，既要立法配合行政，也要行政配合立法。

---

63 關於進入行政會的立法會議員，在溝通行政會和立法會的工作方面，在澳門曾經引起討論。立法會主席賀一誠認為，身兼行政委員的「雙料」議員應當起橋樑作用，評估到各議員對法案的取態、共識，後向特首反映是其最重要的工作。而身兼行政會成員的立法議員陳明金強調，基本法列明行政會委員是協助行政長官決策，並非諮詢性質，其工作表現由特首評價。賀一誠：「雙料議員搭橋重要」，載《澳門日報》2014 年 8 月 23 日，及「陳明金：行政會助特首決策」，載《澳門日報》2014 年 8 月 24 日。

64 可參考曹其真：《澳門立法會十年工作情況總結報告》，見澳門立法會網站。

第七章
粵港澳大灣區建設的
法理基礎和法制路徑

一、粵港澳大灣區建設是國內法上的區域合作

粵港澳大灣區是指由香港及澳門兩個特別行政區，聯同廣州、深圳、佛山、東莞、惠州、中山、珠海、江門及肇慶九個廣東省城市組成的城市群。這十一個城市，面積達 5.6 萬平方公里，覆蓋人口達 6,600 萬，2017 年 GDP 首破 10 萬億元人民幣，相當於我國經濟總量的 14％。粵港澳大灣區既是我國未來經濟發展的重要基礎，也是國家建設世界級城市群和參與全球競爭的重要空間載體，目標是建成與美國紐約灣區、舊金山灣區和日本東京灣區比肩的世界四大灣區之一。

灣區原是一個地理概念，後引申為描述沿海口岸眾多海港和城鎮所構成的港口群和城鎮群，其衍生的經濟效益被稱為灣區經濟。[1] 灣區經濟不僅含有經濟繁榮和品質生活的意思，而且還含有經濟合作和產業集群的內涵。1994 年香港科技大學創校校長吳家瑋最早引入灣區概念，提出建設以香港為核心、對標舊金山的「香港灣區」（深港灣區）。他從舊金山灣區的經濟特徵出發，強調核心城市對大都會區域的輻射作用，利用國際資本，科技創新推動區域經濟升級。[2] 2005 年國務院發佈的《珠江

---

1 陳德寧、鄭天祥、鄧春英：《粵港澳共建珠江口灣區經濟研究》，載《經濟地理》2010 年第 10 期。

2 李幼林：《「灣區經濟」的上海啟示》，載《中國經濟特區研究》2017 年第 1 期。

三角洲城鎮群協調發展規劃（2004 — 2020）》以及 2009 年粵港澳三地政府頒佈的《大珠江三角洲城鎮群協調發展規劃研究》和 2010 年《環珠三角宜居灣區建設重點行動計劃》開始使用「灣區」的概念。2015 年 3 月國家發展改革委、外交部、商務部聯合發佈《推動共建絲綢之路經濟帶和二十一世紀海上絲綢之路的願景與行動》，提出打造粵港澳大灣區。[3] 2017 年國務院首次把大灣區寫入政府工作報告。2017 年 7 月，在國家主席習近平的見證下，國家發展和改革委員會主任何立峰、廣東省省長馬興瑞、香港特別行政區行政長官林鄭月娥、澳門特別行政區行政長官崔世安共同簽署了《深化粵港澳合作推進大灣區建設框架協議》（以下簡稱《大灣區建設框架協議》）。《大灣區建設框架協議》確立了七個合作重點，包括「推進基礎設施互聯互通」、「進一步提升市場一體化水準」、「打造國際科技創新中心」、「構建協同發展現代產業體系」、「共建宜居宜業宜遊的優質生活圈」、「培育國際合作新優勢」以及「支持重大合作平台建設」。十九大報告重申「要支持香港、澳門融入國家發展大局，以粵港澳大灣區建設、粵港澳合作、泛珠三角區域合作等為重點，全面推進內地同香港、澳門互利合作」。國務院 2018 年政府工作報告明確指出將出台實施粵港澳大灣區發展規劃綱

3　其原文為：「充分發揮深圳南海、廣州南沙、珠海橫琴、福建平潭等開放合作區作用，深化與港澳台合作，打造粵港澳大灣區。」

要。2018 年 8 月 5 日粵港澳大灣區建設領導小組全體會議在北京召開。國務院副總理韓正擔任小組組長，香港特別行政區行政長官林鄭月娥、澳門特別行政區行政長官崔世安作為小組成員參加了會議。2019 年 2 月 18 日，《粵港澳大灣區發展規劃綱要》印發出台。

　　我國憲法對地方政府之間是否可以簽訂合作協議以及可以簽訂什麼樣的協議沒有規定，目前也尚未有專門的區域合作法或中央與地方關係法來對區域合作協議作出規定。[4] 香港基本法第九十五條和澳門基本法第九十三條僅是對特別行政區可以與全國其他地區的司法機關進行司法方面的聯繫和相互提供協助作了原則性規定，也沒有對特別行政區可與全國其他地區簽訂合作協議作出規定。香港基本法第一百五十一條和澳門基本法第一百三十六條規定香港和澳門兩個特別行政區政府可以「中國香港」、「中國澳門」的名義，單獨地同世界各國、各地區及有關國際組織保持和發展關係，簽訂和履行有關協議，這裏所說的有關協議也不包括特別行政區與內地政府簽訂和履行的各

4　有關區域合作的憲法問題分析，可參見葉必豐：《區域經濟一體化的法律治理》，載《中國社會科學》2012 年第 8 期；《區域經濟一體化法制研究的參照系》，載《法學論壇》2012 年第 4 期；《我國區域經濟一體化背景下的行政協議》，載《法學研究》2006 年第 2 期；何淵：《論我國區域法律治理的合憲（法）性控制及憲法修改》，載《南京社會科學》2015 年第 5 期及《論行政協議》，載《行政法學研究》2006 年第 3 期，等等。

種協議。

「一國兩制」是粵港澳大灣區建設的硬核。「一國兩制」既是粵港澳大灣區建設本身的制度優勢，也在某些方面構成嚴重的法律衝突和體制阻礙。在粵港澳大灣區建設之前，粵港澳三地已經形成了 CEPA 模式的合作機制，即在 WTO 規則下的更緊密貿易、服務、投資和技術合作安排。問題在於：粵港澳大灣區建設是否繼續以 WTO 的國際規則為法律基礎？大灣區與 CEPA 的區別在於：第一，CEPA 的目的在於促進港澳與內地的經貿交流和合作；大灣區建設的目的在於以「一國兩制」港澳優勢和廣東省發達地區的經貿條件，「努力將粵港澳大灣區建設成為更具活力的經濟區、宜居宜業宜遊的優質生活圈和內地與港澳深度合作的示範區，攜手打造國際一流灣區和世界級城市群」；[5] 第二，大灣區建設是支持港澳融入國家發展大局的背景下發生的。CEPA 本質上是 WTO 框架下自由貿易協定的國內版，其目的是促進不同關稅區內部的自由貿易。這種安排是香港基本法和澳門基本法設立的高度自治原則和 WTO 成員間權利義務的邏輯結果。[6] 粵港澳大灣區的合作範圍、程度和模式應該超過 CEPA。如果僅僅是一個加強版的 CEPA，就不可能建立

5　見《深化粵港澳合作推進大灣區建設框架協議》第二條「合作目標」。

6　莫世健：《粵港澳大灣區的法律框架構想：融合、創新與共贏》，載《粵港澳大灣區法律論壇論文集》，2018 年 6 月 2 日，中國廣州。

高度融合的、一個一體化的大灣區。[7] 因此粵港澳大灣區建設不能繼續適用國際規則，更不能將港澳和內地在經濟上視為兩個不同的「國家」。

粵港澳大灣區建設是國內法上的區域合作，應當從這個角度入手探討粵港澳大灣區的法治建設問題。

二、粵港澳大灣區法治建設的問題、難點和理論困境

粵港澳大灣區與其他世界灣區相比，建設難點遠遠超越世界上其他灣區：第一，粵港澳大灣區存在著兩種制度。香港和澳門實行原有的資本主義制度，而廣州、深圳、佛山、東莞、惠州、中山、珠海、江門及肇慶實行社會主義制度。第二，粵港澳大灣區存在著三種法域、三種貨幣、三個海關，香港保留原有的判例法傳統，澳門保留原先的歐洲大陸法系傳統，廣東的九個城市實行社會主義法律制度，香港和澳門都有自己獨立的海關系統，香港發行港元、澳門發行澳門元，廣東的九個城市流通人民幣。第三，行政級別不對等，香港和澳門是直轄於

7　莫世健：《粵港澳大灣區的法律框架構想：融合、創新與共贏》，載《粵港澳大灣區法律論壇論文集》，2018 年 6 月 2 日，中國廣州。關於 CEPA 對澳門經濟的影響及 CEPA 實施中存在的不足問題分析，可參看邢文祥、黃泰巖主編的《澳門產業發展與創新》，經濟科學出版社，2012 年，第 105-129 頁。

中央人民政府的特別行政區，屬於省級單位。而廣州、深圳、佛山、東莞、惠州、中山、珠海、江門及肇慶是屬於廣東省的地市級單位。第四，合作主體的權限範圍不一樣。香港和澳門實行高度自治，享有行政管理權、立法權、獨立的司法權和終審權，而廣東的九個城市僅享有一定權限的地方立法權，其中深圳、珠海屬於經濟特區市、廣州屬於省會市、佛山、東莞、惠州、中山、江門及肇慶屬於一般的設區的市，其地方立法權也不完全相同。[8]

粵港澳大灣區建設的難點就在於法治建設，而法治建設的複雜性集中體現在法律制度上的差異。在既有的區域法治的框架下，如何實現既有規則的整合，在理論上，可能有兩種思路：（1）中央立法式，即由中央自上而下地為粵港澳大灣區立法，而區內的十一個城市則依法辦事。這種方式的問題在於粵港澳大灣區建設以經濟協作為主要目標，中央難以為特別行政區直接立法；（2）地方立法式，即由粵港澳大灣區的十一個城市進行協商，從而各自立法，解決彼此出現的衝突問題，這種方式的問題在於特別行政區享有高度自治，而內地的九個城市在諸多領域沒有自主權，缺乏與港澳進行協商達成共識的法制

8　《地方立法研究》2018 年第 4 期「粵港澳大灣區立法欄目主持人按語」。

條件。[9] 因此，這兩種思路都缺乏一定的操作性。

2017 年簽訂的《大灣區建設框架協議》存在著以下特點：（1）簽署主體為國家發展和改革委員會、廣東省人民政府、香港特別行政區政府及澳門特別行政區政府四方。簽署主體在身份上表現為國家部委、省級地方政府及特區政府的複雜組合，並在國家主席的見證下由四方共同簽署；（2）大灣區建設框架協議是平等協商的結果，而非某一主體制定後交各方執行；（3）大灣區合作的內容十分廣泛，涉及建設交通、能源、產業發展、科技教育、國土資源、環境保護、民生保障、文化交流等多個方面。[10] 另外，2017 年簽訂的《大灣區建設框架協議》還存在著：第一，大灣區合作法律依據模糊。我國憲法不僅缺乏區域合作的法律框架，而且香港基本法和澳門基本法也沒有相應規定，《大灣區建設框架協議》的法律性質和地位應當怎樣認定缺乏明確的法律條文。第二，大灣區合作的權限程度不清。《大灣區建設框架協議》雖然規定大灣區合作有四方參與，但在四方合作權力的範圍、程度及限度上卻缺乏直接的規定。第三，大灣區合作的法律效力不明，《大灣區建設框架協議》對本身涉及的效力內容只作了以下規定：「本協議自四方代表正式簽

9　董暤、張強：《粵港澳大灣區的特異性與協調發展合作治理之法律問題》，載《粵港澳大灣區法律論壇論文集》，中國廣州，2018 年 6 月 2 日。

10　張亮、黎東銘：《粵港澳大灣區的立法保障問題》，載《地方立法研究》2018 年第 4 期。

署之日起生效，有效期五年。經四方協商同意，可對本協議進行修正和展期」，對於所產生的效力性質、範圍以及責任等問題沒有直接說明。[11]

　　大灣區規劃和發展的協調機制本質上是一系列市場化的制度安排，核心是基於統一規則的市場准入和市場監管。[12] 推動粵港澳大灣區建設，當務之急是破除生產要素自由流動障礙，克服不利於融合發展、不利於更大範圍有效配置資源的硬體制約和制度瓶頸。最重要的是交通、關檢、人員和規劃「四通」，從而實現人流、物流、資金流高效互聯互通，增強粵港澳大灣區發展活力和競爭力。[13] 粵港澳大灣區建設並不是取消「一國兩制」。因此，粵港澳大灣區法治建設，必須在遵循憲法和基本法所規定的「一國兩制」框架下進行，既要保持特別行政區的高度自治，又要有助於促進內地與港澳，特別是粵港澳大灣區內部開放性和統籌性的形成和生長。[14]

　　粵港澳大灣區理論建設的困境就在於既要維持香港特別行

---

11 張亮、黎東銘：《粵港澳大灣區的立法保障問題》，載《地方立法研究》2018 年第 4 期。

12 李幼林：《「灣區經濟」的上海啟示》，載《中國經濟特區研究》2017 年第 1 期。

13 黃奇帆：《「一國兩制」背景下「三稅區三法律三貨幣」是灣區澳灣區最大潛力所在、動力所在、特色所在》（2018 年 8 月 22 日在粵港澳大灣區發展論壇上的演講）。

14 董暤、張強：《粵港澳大灣區的特異性與協調發展合作治理之法律問題》，載《粵港澳大灣區法律論壇論文集》，2018 年 6 月 2 日，中國廣州。

政區和澳門特別行政區實行的「一國兩制」框架，還要整合大灣區內十一個城市的相關制度和體制。這就需要一種內地和港澳都能接受、認可的法制基礎和法律理論，並以一種穩定的可操作的方式予以進行。唯有建立在堅實的法理基礎上，才能構建粵港澳大灣區的法治建設。

三、全面管治權理論對粵港澳大灣區法治建設的意義、作用和功能

全面管治權概念是 2014 年《「一國兩制」在香港特別行政區的實踐》白皮書裏正式提出的。其主要內容可以概括為：（1）中央對包括香港特別行政區在內的所有地方行政區域擁有全面管治權；（2）中央擁有對香港特別行政區的全面管治權，既包括中央直接行使的權力，也包括授權香港特別行政區依法實行高度自治；（3）對於香港特別行政區的高度自治權，中央具有監督權力。全面管治權的概念是與單一制的國家結構形式緊密相連的。在單一制國家，「從嚴格的法律意義上來，所有權力都是屬於中央政府的」，[15] 只是中央為了管治地方的方便，在全國範圍內劃分行政區域，把權力授予地方；地方的權力並非其本

---

15 大衛・M. 沃克（David M. Walker）：《牛津法律大辭典》（*The Oxford Companion to Law*），李雙元等譯，法律出版社，2003 年，第 1133 頁。

身所固有。在這種國家結構形式下，中央對地方具有全面的管治權力。然而，如果在聯邦制國家，聯邦與屬邦的權力由憲法明確予以劃分，聯邦的權力甚至是屬邦讓渡其部分主權而形成的，屬邦未讓渡出來的剩餘權力歸屬邦所有和行使。在這種國家結構形式下，就談不上聯邦對屬邦的全面管治權：屬邦內部的事務由屬邦自行進行管轄和治理。**16**

我國是單一制國家，中央不僅對香港、澳門兩個特別行政區具有全面管治權，而且對粵港澳大灣區內九個內地城市也具有全面管治權。全面管治權理論在粵港澳大灣區法治建設的意義、作用和功能表現在：

第一，全面管治權理論可以為粵港澳大灣區的法治建設提供解決區際法律衝突合作的法律基礎。

在「一國兩制」下，粵港澳大灣區十一個城市存在著異常複雜的區際法律衝突：（1）多法系的法律衝突：香港保留原先的普通法法系，澳門保留原先的大陸法法系，而內地的九個城市實行社會主義法律制度。（2）高傾斜的法律衝突：香港和澳門實行高度自治，而內地九個城市的行政級別為省級下轄的地級市單位，僅有一定的立法權限，而其中又有經濟特區市、省會市和一般的較大的市的分別。（3）異質性的法律衝突：香港和澳門實行原有的資本主義制度，而內地九個城市實行

---

16 王禹：《「一國兩制」下中央對特別行政區的全面管治權》，載《港澳研究》2016年第 2 期。

社會主義制度，法律衝突的背後還體現出兩種社會制度的不同性質。

法律衝突的本質是兩種權力的碰撞。國際法律衝突是兩種主權的碰撞，聯邦制下的區際法律衝突是兩種帶有主權因素的屬邦權力的碰撞。我國的區際法律衝突是兩種非主權性的權力的碰撞，是兩種地方權力的碰撞，但與兩種主權權力碰撞有本質不同。這些地方權力都在中央授權下形成的，都來自中央的授權並對中央負責。[17] 這就使得擁有全面管治權的中央可以通過授權及授權監督等方式，對粵港澳大灣區法治建設中遇到的法律衝突難題進行統一的協調、指導和領導。

第二，全面管治權理論可以為粵港澳大灣區的法治建設提供構建區域法律合作的法律基礎。

香港和澳門回歸前分屬於英國和葡萄牙管治，它們之間的關係是以兩個國家的名義由港英政府和澳葡政府按照國際關係的一些原則來處理。[18] 香港和澳門回歸後，兩地都成為直轄於中央人民政府的特別行政區，其關係發生了根本性變化，不再帶

---

17 我國目前還沒有針對港澳地區的法律衝突與外國主體作出不一樣適用的規定，而是視為「涉外」來處理港澳關係。如《中華人民共和國中外合作辦學條例》第五條及最高人民法院關於《適用中華人民共和國涉外民事關係法律適用法》若干問題的解釋（一）第十九條。還可參見石逸群：《粵港澳大灣區自由貿易的法律衝突以及協調》，載《區域協同立法高層論壇論文集》，2019 年 4 月 20 日，中國廣州。

18 王振民：《中央與特別行政區關係 —— 一種法治結構的解析》，清華大學出版社，2002 年，第 220 頁。

有國際因素,而是成為一個主權國家內部兩個相鄰的特別行政區域關係,有關國際法原則應該不再適用。我國內地各省、自治區和直轄市與特別行政區的關係,是我國單一主權國家內部一般地方與特殊地方的關係。這些地方單位分別在自己的管轄範圍內推行和實施各自的政策,並分別對中央人民政府負責。

粵港澳大灣區十一個城市都是我國單一制結構形式下的地方單位,其法律關係為單一制的府際關係,而非聯邦制下的府際關係。[19] 全面管治權理論為我國中央領導地方各級政府、及打破各地利益分割提供了政治基礎和法律條件。粵港澳大灣區涉及的政府關係有:(1)國家部委與廣東省、香港特別行政區、澳門特別行政區的關係;(2)廣東省與香港特別行政區、澳門特別行政區的關係;(3)香港、澳門與內地九個城市關係。目前粵港澳地區法律合作在執法協作、律師業合作、工作會晤機制、公証及法律援助等方面取得一定成果,但在警務進一步合作及簽署有效刑事協助協議等方面尚有待進一步解決。[20] 粵港澳大灣區的法治建設超越了跨省際的行政區域合作,應當由中央予以統一指導或協調。

---

19 如在美國聯邦制下,其城際政府是「一種受競爭和協商的動力體系支配的對等權力的分割關係」。David Rusk, *Cities without Suburbs*, Woodrow Wilson Center Press, 1993, P.89.

20 杜國明等:《粵港澳大灣區法律合作問題研究》,載《區域協同立法高層論文集》,2019 年 4 月 20 日,中國廣州。

第三，全面管治權理論可以為粵港澳大灣區法治建設提供進行區內法律整合的法律基礎。

　　粵港澳大灣區的十一個城市分屬於不同的關稅區，有不同的法律和行政體系。粵港澳大灣區建設過程中，既存在著不同的區域單位和地方政府，也存在著各方利益協調與有關規則對接問題。粵港澳大灣區城市群的規劃就要在「一國兩制」平台下進行許多全新的「跨制度」嘗試。[21]《大灣區建設框架協議》指出的推進基礎設施互聯互通、進一步提升市場一體化水準、打造國際科技創新中心、構建協同發展現代產業體系、共建宜居宜業宜遊的優質生活圈、培育國際合作新優勢、支持重大合作平台建設等七項合作重點領域，無不需要在法律體制和經濟政策方面予以統籌協調、建立高層次的合作平台和有效合作機制才能有效推進。

　　粵港澳大灣區多方合作主體的權力都屬於中央授權下的地方權力，而非獨立自主的固有權力。根據我國憲法單一制原則所必然延伸出來的全面管治權理論，不僅是我國設立規定省級行政區域和廣東省內九個城市的依據，也是我國設立香港特別行政區和澳門特別行政區的依據。在粵港澳大灣區法治建設的過程中，全面管治權理論可以為跨省際的法律整合提供堅實的法理基礎。

21　李幼林：《「灣區經濟」的上海啟示》，載《中國經濟特區研究》2017 年第 1 期。

四、全面管治權在粵港澳大灣區法治建設中的路徑探索：區際法與區制法

區域法治發展本身就存在著「多樣性的特質」，這些「多樣性特質」並非互不相關、絕對排斥，它們彼此之間存在緊密關聯，共同為國家法治發展這個「具體總體」所統攝。[22] 粵港澳大灣區裏的十一個城市在社會制度、法律體系、經濟發展、社會結構、歷史進程、文化傳統和地理環境等方面更存在著巨大差異，這就使得粵港澳大灣區法治建設和法治發展更加呈現出「多樣性特質」。然而，在我國單一制國家結構形式下，這些多樣性特質都是在中央政府對十一個城市都具有全面管治權的基礎上運作的。

香港基本法和澳門基本法對兩地回歸後與內地如此緊密的合作和交流可能是始料未及的。香港基本法第九十五條和澳門基本法第九十三條僅是規定香港和澳門兩個特別行政區可與全國其他地區的司法機關通過協商依法進行司法方面的聯繫和相互提供協助，但對於其他方面的合作，如經貿合作、高等教育學位證書的相互承認、雙重徵稅和防止偷稅漏稅、證券管理、環境保護等，沒有任何明文規定。香港基本法和澳門基本法既沒有規定這些合作應當按照什麼程序來操作，也沒有規定這些

---

22 公丕祥：《區域法治發展的概念意義——一種法哲學方法上的初步分析》，載《南京師大學報》（社會科學版）2014 年第 1 期。

合作可以簽訂什麼樣的協議。

在港澳特區與內地合作方面，「中央政府一直扮演重要角色，一度是合作的主導者，甚至是包辦者」。[23] 如全國人大常委會通過授權，為內地與港澳之間的合作提供法律基礎，化解法律適用難題、國務院通過制定國民經濟和社會發展規劃，定位港澳地區的戰略地位，等等。粵港澳大灣區建設的合作不僅是「一個國家」下兩個乃至兩個以上的地方政府的合作，而且還是「一個國家」下社會主義與資本主義兩種制度的合作，複雜性遠遠超越以往的區域合作。粵港澳大灣區建設是「一國兩制」溢出的制度紅利，也是特別行政區、經濟特區、自由貿易試驗區、單獨關稅區等制度的疊加，其必然產生許多新的法律問題和制度的創新。[24]

「一國」是「兩制」的基礎和前提。在粵港澳大灣區建設的過程中，法治建設的任何模式、程序和方向都不能偏離「一國」要求。粵港澳大灣區法治建設需要一種堅實的法理基礎，才有可能予以穩步推進。這種理論就是全面管治權理論。無論是香港特別行政區和澳門特別行政區，還是廣東省的九個地級市，這十一個城市都是我國單一制下的地方政府，其權力都是來自

---

23 朱孔武：《粵港澳大灣區跨域治理的法治實踐》，載《地方立法研究》2018 年第 4 期。

24 杜承銘：《粵港澳大灣區跨法域治理的法治基礎問題的若干思考》，香港基本法澳門基本法研究會 2018 年會論文，2018 年 8 月 12 日，福建平潭。

中央的授權，由中央人民政府統一領導。大灣區的協同發展和區域合作是建立在一個統一的單一制國家內，而非聯邦制國家結構形式下。中央對大灣區的十一個城市都具有全面管治權。

全面管治權理論在大灣區法治建設的路徑可以概括為區際法路徑和區制法路徑。這裏講的「區際法」和「區制法」，是從廣義上的「法」而言的，既包括「硬法」，也包括「軟法」，既包括有明確效力的法律文件，也包括具有行政指導性質的政府規劃。

（一）區際法路徑

所謂區際法，是指在一個統一的國家裏因存在著不同的法域或不同的法律制度等因素，而對不同區域之間簽訂和發佈的合作協議、安排、備忘錄聯合公告等不同形式規範性文件的統稱。區際法是解決區際法律衝突的一種消極反應和自然行為。在粵港澳大灣區的建設過程中，既存在中央政府主導下的縱向府際合作，也存在著地方自主下的橫向府際合作。[25] 因此，區際法可以分為一般區際法和特殊區際法。

1. 一般區際法

一般區際法，是指香港特別行政區、澳門特別行政區與我

25　朱孔武：《粵港澳大灣區跨域治理的法治實踐》，載《地方立法研究》2018 年第 4 期。

國內地地方政府或它們互相之間制定的區際法。既包括香港特別行政區、澳門特別行政區與內地省級單位簽訂的各種合作協議，也包括兩個特別行政區與地級市政府簽訂的合作協議，還包括兩個特別行政區相互簽訂的合作協議。既包括兩個主體單獨簽訂的協議，也包括兩個以上的主體共同簽訂的協議。香港特別行政區、澳門特別行政區與內地省級單位簽訂的合作協議有《粵港合作框架協議》（2010 年 4 月 8 日簽訂）和《粵澳合作框架協議》（2011 年 3 月 6 日簽訂）等。兩個特別行政區簽訂的合作協議有《關於持永久性居民身份證入出境及互免填報入出境申報表協議》（2009 年 11 月 24 日簽訂）、《關於移交被判刑人的安排》（2005 年 5 月 20 日簽訂）、《關於香港特別行政區與澳門特別行政區相互認可和執行仲裁裁決的安排》（2013 年 1 月 17 日簽署）等。多個主體簽訂的合作協議如《泛珠三角區域深化合作共同宣言》（2015-2025 年），由香港特別行政區和澳門特別行政區，以及四川省、江西省、海南省、雲南省、貴州省、湖南省、福建省、廣東省以及廣西壯族自治區等十一個成員在 2014 年發佈。這些都屬於一般區際法。在粵港澳大灣區建設的過程中，可能產生的區際法包括：（1）香港特別行政區、澳門特別行政區與內地間的區際法；（2）香港特別行政區與澳門特別行政區間的區際法；（3）內地九個城市間制定的區際法。

2. 特殊區際法

在「一國兩制」下，區際法不僅僅是指香港特別行政區、澳門特別行政區與內地省級、市級等單位或相互之間簽訂的各種協議和安排，也包括香港特別行政區和澳門特別行政區與中央有關部門簽訂的協議或安排。這是由於在一個國家下實行兩種不同的制度決定的。在單一制的一般情況下，地方政府的權力本身來自中央，地方不能與中央進行平等談判並簽訂協議。但是，在「一國兩制」和高度自治的體制安排下，考慮到兩種制度的差異，出現了由中央有關部門代表社會主義「這一制」與代表資本主義「這一制」的香港特別行政區、澳門特別行政區簽訂協議的情況。如我國與香港特別行政區、澳門特別行政區有關司法協助的安排，在內地主要是以最高人民法院發佈司法解釋的形式。[26] 如 CEPA 是

---

26 如《最高人民法院關於內地與香港特別行政區相互委託送達民商事司法文書的安排》（1998 年 12 月 30 日最高人民法院審判委員會第一千零三十八次會議通過，法釋 [1999]9 號）；《最高人民法院關於內地與香港特別行政區相互執行仲裁裁決的安排》（1999 年 6 月 18 日最高人民法院審判委員會第一千零六十九次會議通過，法釋 [2000]3 號）、《最高人民法院關於內地與澳門特別行政區法院就民商事案件相互委託送達司法文書和調取證據的安排》（2001 年 8 月 7 日最高人民法院審判委員會第一千一百八十六次會議通過，法釋 [2001]26 號）、《內地與澳門特別行政區關於相互認可和執行民商事判決的安排》（2006 年 2 月 1 日最高人民法院審判委員會第一千三百七十八次會議通過）、《關於內地與澳門特別行政區相互認可和執行仲裁裁決的安排》（2007 年 9 月 17 日最高人民法院審判委員會第一千四百三十七次會議通過）、《最高人民法院關於內地與香港特別行政區相互認可和執行當事人協議管轄的民商事案件判決的安排》（2006 年 6 月 12 日最高人民法院審判委員會第一千三百九十次會議通過，法釋 [2008]9 號），等等。

由香港特別行政區、澳門特別行政區與商務部簽訂的。《大灣區建設框架協議》則由國家改革和發展委員會參與簽署的，由廣東省人民政府、香港特別行政區政府和澳門特別行政區政府以及國家改革和發展委員會共同簽署。[27] 這些都屬於特殊區際法。

特殊區際法與一般區際法的區別在於：一般區際法僅是地方合作主體簽署的各種協議性的法律文件，而特殊區際法則必須由中央部門參與簽署，中央或有關部門是其中一方當事人。特殊區際法往往是一般區際法的制定依據，特殊區際法產生後，一般區際法應當根據特殊區際法來制定。如 2012 年由香港特別行政區政府和廣東省人民政府簽署的《粵港合作協議》，其前言部分就指出其中一個目的就是落實《內地與香港關於建立更緊密經貿關係的安排》（CEPA）及其補充協議。這裏的《粵港合作協議》即屬於一般區際法，而《內地與香港關於建立更緊密經貿關係的安排》（CEPA）及其補充協議則屬於特殊區際法。

（二）區制法路徑

這裏的區制法，是指粵港澳大灣區制度法。香港特別行政區、澳門特別行政區與內地九個城市簽訂各種協定只能形成區

---

27 CEPA 的全稱為《內地與香港關於建立更緊密經貿關係的安排》（2003 年 6 月 29 日簽訂）及《內地與澳門關於建立更緊密經貿關係的安排》（2003 年 10 月 18 日簽訂）。

際法，而不能形成大灣區制度法。形成大灣區制度法的必然性在於：第一，目前大灣區內部的區域性基礎設施缺少利益共用機制和配套政策支持，處於相互分割的狀態，及存在著重複建設、佈局不合理的問題。「城市群空港、鐵路站線、港口資源的統一規劃與整合還沒有付諸實踐」，城市總體規劃、經濟發展規劃、土地利用總體規劃等銜接不夠，也缺乏相互間密切聯繫，有必要進一步予以整合。[28] 第二，大灣區內部立法主體多，權限不一，既有特別行政區立法權、也有經濟特區的立法權，還有設區的市的立法權。一些跨境法律合作如高新科技、互聯網等涉及國家安全、體制等問題，非大灣區內部能夠處理。[29] 區制法是粵港澳大灣區內十一個城市協同發展與合作治理在法治建設上的必然要求和更高體現。

區制法可以分為區制規劃法和區制強行法。

1. 區制規劃法

所謂區制規劃法，是指由中央或有關部門對大灣區建設提出的規劃。從區域合作的歷史經驗來看，傳統的區域合作可能

---

28 林先揚：《粵港澳大灣區城市群經濟外向拓展及其空間支援系統構建》，載《嶺南學刊》2017 年第 4 期。

29 鄒平學、馮澤華：《改革開放四十年廣東在粵港澳法律合作中的實踐創新與歷史使命》，載《粵港澳大灣區法律論壇論文集》，中國廣州，2018 年 6 月 2 日，及杜承銘：《粵港澳大灣區跨法域治理的法治基礎問題的若干思考》，香港基本法澳門基本法研究會 2018 年會論文，2018 年 8 月 12 日，福建平潭。

產生的問題往往是地方政府的保護主義和機會主義出於對本地利益的保護，阻礙和限制了資源合理配置和良性競爭的實現，最終悖反於區域合作與區域發展的初衷。[30] 區際法本身是合作各方在自願平等基礎上簽署的合作協議，無論是一般區際法，還是特殊區際法，都需要多方的協調，制定成本高，而且可能形成區域本位主義和地方保護主義等問題。

粵港澳大灣區建設是國家的一項發展戰略。既然是國家發展戰略，國家就有權力和責任制定發展規劃。因此，大灣區建設可以在全面管治權理論下，通過頂層設計，綜合考慮大灣區內部不同法律制度的差異，提出統一的發展規劃。《大灣區建設框架協議》提出編製的《粵港澳大灣區城市群發展規劃》，[31] 這本身就是區制規劃法的體現。區制規劃法還包括我國在歷次的國民經濟和社會發展規劃裏都提到對港澳在國家發展戰略中的地位和定位等。

2. 區制強行法

我國目前調整區域合作和區域發展的主要方式是政策性制度安排。這些政策性制度基本上以通知、意見、方案或規劃等形式發佈。國家層面先出台關於區域協調發展的若干意見的政

30　汪偉全：《地方政府競爭秩序的治理 —— 基於消極競爭行為的研究》，上海人民出版社，2009 年，第 156 頁。

31　《深化粵港澳合作推進大灣區建設框架協議》第十一項「完善協調機制」。

策性文件以及戰略性規劃，然後再由省級政府出台關於貫徹國家區域發展意見和規劃的政策性文件；而法律法規的制度性安排卻存在著嚴重缺失和滯後，因而出現區域發展政策性制度和法規性制度、約束性制度和協商性制度失衡等問題。[32] 所謂區制強行法，是指在大灣區建設過程中，考慮到區制規劃法僅僅屬於「軟法」的效力，因而在憲法和基本法規定下，在尊重和維護香港特別行政區、澳門特別行政區高度自治的前提下，由全國人大或全國人大常委會對某一問題進行統一立法。

區制強行法既在內地的九個城市實施，也在香港特別行政區和澳門特別行政區實施。如有一種意見認為，探索建立自由貿易港是深化粵港澳合作的優先選擇，並建議由全國人大制定並頒佈《自由貿易港法》。[33] 又如一種意見提出，在商事領域可以嘗試推進制定粵港澳台四地統一商法典或統一商業規則。[34] 還有一種意見認為，建議制定《區域合作法》作為統一規範，以符合區域合作的本質內涵與滿足其外延需求。[35] 還有意見建議由

32　朱未易：《試論我國區域法制的系統性構建》，載《社會科學》2010 年第 10 期。

33　蘇捷揉：《淺談粵港澳大灣區建設背景下打造自由貿易港的法治化途徑》，載《粵港澳大灣區法律論壇論文集》，中國廣州，2018 年 6 月 2 日。

34　呂海蓉：《粵港澳台法律共同體的構建路徑探索》，載《粵港澳大灣區法律論壇論文集》，中國廣州，2018 年 6 月 2 日。

35　張亮、黎東銘：《粵港澳大灣區的立法保障問題》，載《地方立法研究》2018 年第 4 期。

全國人大制定《中華人民共和國區際衝突法》。[36] 由於香港基本法第十八條和澳門基本法第十八條對全國人大及其常委會制定的法律是否可以在特別行政區實施作了嚴格限制，即必須列於附件三後才可以在當地實施，列入附件三的法律限於國防、外交和其他不屬於特別行政區自治範圍內的法律。大灣區建設過程中涉及的經濟和法律方面的合作，絕大多數屬於香港基本法和澳門基本法已經授權給特別行政區行使高度自治權的事務。因此，制定區制強行法的範圍是很窄的，只有在超出特別行政區自治範圍外的事務，而且又屬於大灣區建設的必要事項，才可以制定這裏所指的「區制強行法」。

---

[36] 鄒平學、馮澤華：《粵港澳大灣區立法協調的歷史回顧、現實障礙與機制完善》，《區域協同立法高層論壇論文集》，中國廣州，2019 年 4 月 20 日。

後記

　　本書是在我最近幾年寫成的幾篇學術論文的基礎上整理而成的。我作了一些新的補充和修改。感謝香港三聯書店的周建華總編輯、梁偉基先生及王昊先生協力出版本書，以及侯明總編輯、朱國斌教授及陳小歡女士的幫助。

王禹

2019 年 4 月 9 日

責任編輯　　王　昊

書籍設計　　吳冠曼

書　　名　　「一國兩制」的變與不變

著　　者　　王禹

出　　版　　三聯出版（澳門）有限公司

　　　　　　Sociedade de Publicações Sam Lun (Macau), Limitada

　　　　　　Joint Publishing (Macau) Co., Ltd.

　　　　　　澳門荷蘭園大馬路 32 號 G 地下

　　　　　　No.32-G, Avenida do Conselheiro Ferreira de Almeida, Macau

發　　行　　香港聯合書刊物流有限公司

　　　　　　香港新界大埔汀麗路 36 號 3 字樓

印　　刷　　美雅印刷製本有限公司

　　　　　　香港九龍觀塘榮業街 6 號 4 樓 A 座

版　　次　　2019 年 9 月澳門第一版第一次印刷

規　　格　　大 32 開（140 × 210 mm）168 面

國際書號　　ISBN 978-99965-759-3-8